掌控权
CONTROLLING
POWER

突破惯性的企业权力架构
Optimizing Corporate Power With Breakthrough Inertia

姜岚昕 著

中华工商联合出版社

图书在版编目（CIP）数据

掌控权：突破惯性的企业权力架构 / 姜岚昕著 . —北京：
中华工商联合出版社，2020.6
ISBN 978-7-5158-2532-8

Ⅰ.①掌⋯ Ⅱ.①姜⋯ Ⅲ.①企业管理 Ⅳ.① F272

中国版本图书馆 CIP 数据核字（2020）第 081655 号

掌控权：突破惯性的企业权力架构

作　　者：姜岚昕
出 品 人：刘　刚
责任编辑：于建廷　王　欢　效慧辉
特约编辑：原　煜　章　晨
装帧设计：水玉银文化
责任审读：傅德华
责任印制：陈德松
出版发行：中华工商联合出版社有限责任公司
印　　刷：盛大（天津）印刷有限公司
版　　次：2020 年 9 月第 1 版
印　　次：2024 年 1 月第 3 次印刷
开　　本：710mm×1000mm　1/16
字　　数：220 千字
印　　张：14.25
书　　号：ISBN 978-7-5158-2532-8
定　　价：49.90 元

服务热线：010-58301130-0（前台）
销售热线：010-58301132（发行部）
　　　　　010-58302977（网络部）
　　　　　010-58302837（馆配部、新媒体部）
　　　　　010-58302813（团购部）
地址邮编：北京市西城区西环广场 A 座
　　　　　19-20 层，100044
http://www.chgslcbs.cn
投稿热线：010-58302907（总编室）
投稿邮箱：1621239583@qq.com

工商联版图书
版权所有　盗版必究

凡本社图书出现印装质量问题，
请与印务部联系。
联系电话：010-58302915

创建世华 20 年，如果问我对企业管控层面感悟最深的是什么？

那就是：掌控力决定企业生命力。

掌，是企业创始人对于管理技能的掌握程度；

控，是创始人对企业管控、治理的体系化实践深度。

两者共同决定了企业能走多远，走多好，走多稳。

这也是本书名字的由来。它是我创建世华 20 年，确切的讲，是治理世华 20 年，更是在几千场课程和参与无数企业案例后的心血提炼。

中国用 40 多年的时间走过了西方商业社会几个世纪的发展历程，喜的是创造了全球第二大经济体，人均 GDP 大幅提升；忧的是我们的企业普遍先天体质羸弱，难以长久，具体的数据我就不再一一列举了。

是什么让我们 80% 多的中小企业寿命普遍超不过 3 年？

是外部日益竞争的真实环境，更是企业自身掌控力的严重缺失。

2020 年的疫情之下，大量的中小企业甚至是头部大企业的关门倒闭，让很多人感慨形势之艰难。

确实，突如其来的灾难瞬间击垮了抗风险能力弱的中小企业。我们可以清楚地看到，太多中小企业的治理模式，多年累积已经病入膏肓，即便是没有疫情，也最终会自己倒下。

大家可能已经注意到了，我用的是治理，而不是通常意义上的管理一词。

表面看似一致的两个词，实践中却很不一样。

例如一个人的身体，什么情况下要管理？

当然是健康无恙的前提下，我们只需管理好饮食，管理好日常起居和状态就好。

什么情况下需要治理？

当然是身体已经出现了情况，特别是严重的病情下，管理已没有意义，必须有专业的医生和药物来对症治理。

多年的高速发展，许多被"发展焦虑"裹挟的中小企业基本上都属于后一种。

很多没有深度接触世华管控课程的企业家会觉得自己的企业都有管理，企业办公柜里厚厚的企业管理手册就是最好的证明。

直到进入世华的体系后才明白，原来自己真正缺的是体系化的治理和训练。

简单的讲，管理是一门科学，更是一门艺术，而我们更多的企业家对于自己企业的管理，依靠到处学来的智慧和经验，而不是规律。

智慧和经验难道不重要吗？

当然重要，但是要明白，有太多的所谓智慧和经验仅仅是个人的一种体验，对于需要长期掌控和推动的"大兵团"作战来讲，这是远远不够，甚至是危险的，因为经验会出现偏差，远不足以构成普遍标准的训练大纲。

更危险的是，一个战略性经验的偏差，就足以毁掉整个团队。

治理，也是一门科学，却是更多的来源于大量实践基础上的体系化训练和执行标准，是脱离了创始人经验主义和个人能力的"大兵团"作战大纲。

正如我在文章中所提到的，个人能力不代表团队能力，个人行动力更不代表团队执行力。

《掌控权》这本书没有任何夸夸其谈的观点，也没有管理学常见的神奇术语的罗列，有的只是我治理世华20年和参与众多中国企业案例的常识性的规律总结。

讲的激动，听着感动，回去之后没法行动。

这是中国过去十几年企业家教育领域的一个通病。

企业家教育的真正魅力不在于讲台上的光芒万丈，而是台下的企业学习落地执行的坚决保障，这才是企业治理的灵魂所在。

《掌控权》这本书正是这一灵魂的承载。

姜岚昕

2020 年 6 月 10 日凌晨

目录

上篇

累在自找　解除顽疾

为什么很多企业越做越大，领导者的状态却越来越差？为什么很多企业高速发展，而领导者的精气神却每况愈下？为什么很多企业管理者年纪尚轻，却显得心力交瘁？为什么企业正兴旺发达，而领导者却突然倒下？为什么很多企业持续增长，而领导者的成就感却荡然无存？为什么很多企业物质收益节节攀高，而领导者却有强烈放弃的念头？为什么很多企业领导者风华正茂，却英年早逝？为什么无数的企业管理者都喊累，累，累？

领导如何解放？企业如何重生？请即刻用心阅读本书，了解导致领导深层疲累的主要原因，有哪些具体有效的解决方案，可以让领导真正解放，企业彻底重生。

第一章　不授权

思考 为什么领导越做越累，而下属却越来越闲？为什么领导抱怨下属无能，而下属却说领导"累死活该"？

估计不少企业都存在这样的现象，那就是老板把许多副总的事情抢着干了，副总没事干，又不好意思，就去抢经理的事情做；经理觉得情况不妙，就找一些主管的事情做；主管没办法，只好把下属的事情做完了；下属没事干，就整天无奈地想——公司到底要往哪里走——这是公司战略问题，本是老板该想的。下属想完战略后，得不到结果，干脆跑到 KTV 大唱《明天会更好》。最后的结局就是，老板们累倒在办公桌上。即使这样，还是有不少领导前赴后继，继续做着下属该做的事情！

一个成功的管理者者不是整天忙得团团转的人，而是一切尽在掌握、悠然自得的人。那为什么还会出现这种"怪现象"呢？这其中固然有组织链上角色认知混乱的原因，但归根到底，还是因为绝大部分领导者不授权。这也是领导为什么累的第一个原因。

其实，一个优秀管理者，应该尽可能地授权，把自己不想做的事，把别人能比自己做得更好的事，把自己没有时间做的事，把不能充分发挥自己能力的事，果断地授权给下属去做。只有这样，领导才能不被千头万绪的琐事纠缠，才能有充足的时间去思考和处理更重要的事情。可以这样讲：领导=决策＋授权。但为什么还是有那么多管理者不授权呢？

◆ 担心下属没有自己做得好

很多领导担心授权给下属，他们没有自己做得好，工作会出问题，成果就可能拿不到，于是干脆就不授权给下属。这就好比管理者自己做事能得100分，授权给下属做只能拿到80分，于是很多领导宁愿得那100分，也不愿意要那80分。

可是，各位管理者，你们有没有想过，你做是100分，下属没做，就是0分！现实情况却是：80＞0！长此以往，管理者的执行力越来越强，团队执行力越来越差。持续下去，领导越来越累，下属越来越闲。领导总是抱怨我这么累，就是因为我的团队不能成长，下属不能分担，下属简直是一帮无能之辈；而下属也会抱怨说，领导所有事都要自己做，之所以累是因为他喜欢累，累死他，活该！

的确，现代企业中确实有不少这样的领导，喜欢把一切事揽在自己身上，事必躬亲，管这管那，从来不放心把哪怕一件很容易的工作交给下属去做，这也难怪你的下属指责你大权独揽。自己整天忙忙碌碌，被公司的大小事务搞得焦头烂额不说，下属还不领情。

韩非子曾说："上君用人之智，中君用人之力，下君用己之智。"这说明，仅靠自己之力的领导者是干不成大事的，只有善于授权，善用他人之力之智的领导者才能干成大事，成就一番事业。聪明的管理者可以学学孔子的学生子贱，他就是一位善于授权的管理者。

哲理感悟

一次，子贱奉命担任某地方的官吏。他到任以后，却时常弹琴自娱，不管政事，可是他所管辖的地方却治理得井井有条，民兴业旺。

子贱的政绩和悠闲让他的前任官吏百思不得其解，因为他每天即使起早摸黑，从早忙到晚，也没有把地方治好。于是他请教子贱："为什么你如此轻松，却能把辖区治理得这么好？我亲力亲为，起早贪黑，却上下不满意呢？"

子贱抚琴

子贱回答说："你只靠自己的力量去行事，所以十分辛苦，效果却不好；而我却是借助别人的力量和智慧来做事，所以力量就大，事情就能做得好。"

子贱正是因为善于利用下属的力量，发挥团队协作精神，才使得团队很快成熟起来，同时，又减轻了管理者的负担。在企业管理方面，管理者一定要明白"少就是多"的道理——你抓得少些，反而收获会多些。管理者要管头管脚，但不能从头管到脚。

这也再次强调了领导的精髓：领导＝决策＋授权。很多人都以为"能干"的人就能当将军，殊不知"能干什么"只是问题的一方面，更重要的是"不能干什么"。管理者的真正作用在于恰当地处理整个团队的协作，发挥团队成员的潜能。所以，为了调动团队成员的积极性和创造性，齐心协力拿到成果，管理者就不要担心没有自己下属会做不好，而是要善于决策，更善于授权。

自检

（1）在领导团队的过程中，是什么阻碍你不愿授权？你将如何改进这种局面？

_____

_____

_____

（2）你因为担心下属做不好而错过了多少培养优秀接班人的机会？你如何做才能不仅不累，而且还能让团队感激你赋予他成长的机会？

_____

_____

_____

◆　担心授权后自己还要重做

"你以为我想大权独揽？这哪里是什么权呀，你看我整天累得跟陀螺似的。谁愿意累个半死却让下面人闲着？这不是没有办法吗？谁让他们能力不行呢！"

"我给下面授权，他们不知道怎么做，也不知道能做成什么样子。到头来，一塌糊涂，还得我去善后。真是'劳民伤财'，还不如不授权呢？"

"不是我不想授权，是火候没到，下面的人能力不够，授权后可能还要我重新去做，等什么时候他们的能力达到了再授权吧。"

……

估计不少领导也想把事情交给下属做。一边交代得很仔细，一边又怀疑下属的能力，担心下属在工作中"出事"或拿不到成果。于是，他们不是在被授权人的工作中"频频支招"，就是把权力收回，使得被授权人手足无措。这就好比母亲担心孩子刷碗刷不干净，被子叠不好，衣服洗不干净是一个道理。这个时候，有的母亲会指点孩子，有的母亲则让孩子放弃，自己直接去操作。

其实，所有的害怕都是自我想象出来的，都是不存在的。如果在授权方面，你一直畏畏缩缩，那么你的团队永远不可能有所成长。所以，管理者要给下属充分的信任，大胆授权。

企业管理界有一个古狄逊真理：一个累坏了的领导者，是一个最差劲的领导者。所以，领导者最大的本事不应是自己做成多少事，而应是能让别人做成多少事。

经典案例

我的学员陆总，在苏州开了三十多年的服装企业。她是一个非常喜欢学习，并善于总结的人。不过，在很长一段时间里，陆总觉得企业是自己辛辛苦苦创建起来的，因此公司的事情就是自己的事情，下属做不好，自己还得重做，还不

如自己做。于是，她成了全公司最忙的人。不仅每个月有大半时间出差在外，整日疲于奔波，而且回到公司后，很多事情也是事必躬亲，甚至很多一般性的、日常性的工作，都被披上"重大工作"的外衣，非亲自操刀不可。下属一见到她，事无巨细全要汇报，连请假、客户投诉这样的小事也找她。陆总成了名副其实的"救火队长"。

在上完"总裁执行风暴"课程后，她终于意识到"不授权"对企业的危害。回去后，她立刻和公司总经理召集所有中高层开会，重新调整了组织架构，让每个管理者明白自己的责任在哪里，遇到问题自己解决；公司所有项目开始之前，相关责任人必须签订责任书。不仅如此，对于工作上的事情，一旦授权下去，就充分信任下属。

短短几个月下来，陆总就发现自己轻松了很多，很多事情并不需要自己亲力亲为，也不需要自己重做，她有了更多的时间去规划企业战略发展方面的事务。

这个案例说明，领导对下属能力的担心根本就没有必要：如果他可以培养，而你却不给他独立解决问题的锻炼机会，那是你用人失败；如果他不可调教，那你更失败，因为你根本不该选择这样的人。要知道，下属一些小的失误并不影响大局，并不阻碍业绩的最终完成。当下属出现"偏差"时，作为领导，应该站在高处给予点拨，毕竟新手上路要扶一把、送一程，否则他永远也成长不起来。

领导心得

没有授权的执行，都是没有结果的执行。既然没有授权，也就没有约束力；没有约束力，下属就不会全力以赴地去把你下达的授权做好。

作为领导，一定要记住：下属不犯错，就永远不会有成长；下属越有犯错的机会，才越有成长的机会。否则，下属的执行力永远不会提高，只能看着你做，等着你做。你累，完全是自找的。

自检

（1）在授权过程中，由于你假想团队可能做错，或者不能直面接受团队短期的损失，而损失了多少长期的利益？你决定将怎样调试这种心态，并能实现更好地授权？

（2）怎么样让团队在错误中成长，成长中避免重复性的错误？如何透过信任激发更大的责任感，透过责任感驱动团队更好地创造价值？

◆ 担心错过挽回损失的最佳时间

美国通用电气前总裁杰克·韦尔奇把"授权"看作企业管理者必须做的工作。他说："掐着他们（下属）的脖子，你是无法将工作热情和自信注入他们心中的。你必须松手放开他们，给他们赢得胜利的机会，让他们从自己所扮演的角色中获得自信。当下属知道自己想要什么的时候，整个世界都将给他们让路。"因此，作为企业管理者，想要追求企业成果，就必须对下属授权，信任他们，做到"疑人不用，用人不疑"，这也是提高下属执行力的重要途径。

然而，企业中不少管理者担心由于信息的不对称，下属往往很难真正理解他们被授权后所要达到的工作目标，工作会出现偏差，导致错过了最佳的时机，无法挽回因为授权带来的损失。在这种情况下，肯定会对企业的成本和利润产生很大的影响，于是干脆就不授权。

如果你总是这样想，一直不肯授权给下属做，你会发现自己的能力越来越强，下属越来越差；未来产生的结果就是你越来越累，越来越没有可以替代你的人，越来越没有人能真正协助你，最终形成恶性循环。

其实，担心错过挽回因为授权带来损失的最佳时机，完全没有必要，解决这个问题很简单，只需两个字——沟通。沟通不仅是一门学问，更是一门艺术。身为领导，更应主动与下属沟通，这样不仅可以快速发现问题，化解矛盾，还能激发下属的工作热情，显示自己的领导魅力，让公司长久和谐地发展。即使已经作出决策，授权下去，也需要沟通，否则决策无法实施。

每个下属都想得到领导的重视和认可，这是一种心理需求，经常和下属谈谈话，对于形成群体凝聚力、完成目标、拿到成果有着重要的意义。如果下属是光彩夺目的珍珠，那么，上司就应该是一根线，主动去沟通，把珍珠恰到好处地穿起来，使之成为一条璀璨华贵的珍珠项链。因此，领导者不一定亲自上场比赛，但可以适度地做好教练。教练的作用不是替代选手，而是协助选手时时理清方向，不断激励他们，让他们明白自己的责任，并不折不扣地拿到成果。

◆ 担心自己的地位受到威胁

为什么身心俱疲的领导们不敢授权？中国有句古话："教会徒弟，饿死师傅。"甚至在很多家庭中也是这样，很多手艺、诀窍、秘诀都是传男不传女，而就算是传男，父亲也通常等到快死之前才把绝招教给儿子，平常只教七八成。这个例子说的就是中国人不舍得授权，一是担心自己的权威受到挑战，二是担心儿子威胁到父亲。

这种现象反映到现代民营企业当中，很多老板也不愿意授权给自己的下属，原因就是担心授权过多，导致下属掌控的事务太多，然后自己受制于人，甚至自己的地位也受到威胁。的确，领导一放权，下属就反戈的案例比比皆是，这是领导们没有安全感的根源。监控未果，于是自己捋袖上阵。

哲理
感悟

福特汽车的第三代掌门人福特三世，是一个刚愎自用、嫉贤妒能的人。在他刚接管福特汽车时，公司的情况非常糟糕，不仅管理混乱，任人唯亲，而且极度缺乏人才，每月的亏损达 900 万美元，已经到了摇摇欲坠、濒于破产的地步。

这时的福特三世意识到，要使公司起死回生，单靠自己是不可能的，关键要找到一个具有全面管理经验的人才，把一些行之有效的方法和制度统统带进来。于是，他找来了原通用汽车公司总裁布里奇和通用的高级管理人克鲁索等人，又找到 10 位战争期间曾在空军干过规章制度管理工作的人员，这 10 个人都有"神童"之称。布里奇在克鲁索和"神童"们的帮助下，对福特汽车公司的管理进行了一系列改革，建立起一套完善的财务管理制度，当年就使公司扭亏为盈。1948 年净收入达 9434 万美元，1952 年利润高达 2.5 亿多美元。福特汽车公司起死回生，又成为世界上最大的工业公司之一。

然而，当福特汽车公司的发展再次处于高峰时，福特三世变得越来越专横，因为担心自己的地位被别人取代，他绝对不允许下属人员"威高震主"。一旦他有了这种感觉，就会立刻把他们的权力收回，甚至辞退，即使这些人对公司的发展立下汗马功劳。布里奇以及为该公司的兴旺立下汗马功劳的10位"神童"，纷纷被福特三世以各种原因辞退。每一次的解雇事件都会引起福特公司许多上层人士的强烈不满。

1978年7月，带领福特汽车研发出在纽约国际博览会上大放异彩的"野马"牌汽车，在福特服务超过10年的总经理艾柯卡又突然被福特三世解雇。有"企业之神"美名的艾柯卡，竟遭无故解雇，一时成为全球震惊的事件。有一天夜里，福特三世打电话问一位副总经理："你觉得艾柯卡这个人怎么样？"对方回答说："没说的，他是个好人。"第二天，这位副总经理也被解雇了。

在这样的领导下，福特汽车公司的人才纷纷另寻新主，公司缺乏生气，无法发展，福特家族的事业频频出现危机。到最后，63岁的福特三世被迫忍痛割爱，宣布辞去福特汽车公司董事局主席的职务，把掌管了35年的业务经营大权让给福特家族以外的菲利普·卡德威尔，由他组成顾问团，采用专家集团的领导体制来管理。这一举措，彻底宣告了"福特王朝"的结束。

福特家族的教训是惨痛的，因此，如果不想让你的企业重蹈覆辙，就要大胆使用比自己强的人，充分授权。这不是冒险，也不是养虎为患，而

是一种成大事者的胸怀，一种杰出领导人必备的素质。

企业发展到一定的阶段，不可避免地会产生授权的需要，这样做：一是使授权者能有更多时间和精力专事开拓战略要务；二是通过下放管理权限使被授权者提早行使上级职权，从而不仅为自身的成长进阶热身锻炼，更可为企业发展进行人才的考察和储备。然而，不少领导者因为担心下属锋芒毕露或"威高震主"，而不愿意授权。

有这样想法的领导者，要么活该受累，要么最终被企业淘汰。其实，作为领导者，应该亲自去做的是那些有战略意义、不能完全授权的事，比如公司战略决策、品牌推动、资源整合、文化建设、重要客户谈判、接班人问题、激励机制、运营模式等这些决定公司成功的关键要素。做好这些事情，你的地位不仅不会受到影响，反而会更加牢固。而且从另一角度看，下属良好的工作表现也可以反映出领导者的知人善任与领导有方。只有领导力薄弱的人，在授权之后才会丧失控制力。

领导心得

在授权的时候，倘若管理者划定明确的授权范围，注意权责相称，并建立追踪制度，就不必担心丧失控制力了。

企业领导者有怎样的胸怀，就有怎样的事业。刘邦能够使用在各个方面比他强的人而成就一代霸业，卡耐基能够使用比自己强的人成为财富巨人，那么，想让企业做大做强，领导者该做怎样的改变呢？

成就他人的人，才能成就自己；让别人成功的人，才能让自己更成功。所以，给你的优秀下属一个机会、一个广阔的舞台吧，这也同样是为你自己的事业铺路，你的企业会因为你给了他们机会和舞台而变得更加强大。

自检

（1）因为总是自己上场比赛，你看上去稳操胜券，然而，你却因此让团队的选手错失表现的机会。你是否意识到这个问题？你将如何做出改变？

_____

_____

_____

（2）你找的人为什么总是比你差？你从中发现了自己什么问题？你如何领导比自己更优秀的下属？

_____

_____

_____

◆ "无为"是最大的"有为"

为什么很多高学历的硕士、博士做不了老板，而那些学历比较低的初中、高中毕业生，成为老板的却很多？主要的原因有三点。

第一，学历高的人很容易找到工作，一下子就把自己变成了下属；反之，学历低的人不好找工作，或者即使找到了，也不满意，没办法，只好自己创业，一不小心就成了老板。

第二，学历高的人往往自以为是，认为自己的学历好，能力强，足够给别人当老师了，没有必要再学习。于是他们没有想过怎么去成长，怎么去精进，以至知识越来越陈旧，企业也越做越小。而学历低的人自知自己知识不够，因此更愿意请教别人，授权下去。

而很多学历低，能力差的人在开始创业的时候，就告诉自己，我的学历比较低，要想把企业做好做强做大，必须提高自己的学习力。于是，他们持续成长，反复精进，不断提升，让自己的智慧、阅历、能量不断得到提高，结果反倒陪伴企业成长，让自己的企业日益壮大。可见学历只是一次性的，学习力才是持续性的。

第三，学历高的人认为自己能力很强，什么事情都能搞定，于是喜欢找能力不如自己的人干活，遇到事情都喜欢自己解决，持续下去，只会导致团队成员缺乏创造力和自我的运营能力，团队对他的依赖越来越高，最终形成恶性循环。试想，这样的团队怎么后续成长、怎么基业常青、怎么高速增长呢？

而那些学历低，能力差的人呢，因为是被逼创业，自觉能力不强，管理知识也不丰富，因此一开始就告诉自己，"我没有多大的能力，所以必须找有能力的人帮我。"所以，招人的时候，他总是招比自己能力强的人，这样团队的后续发展能力就能强，企业也会越来越好。即使当下属遇到困难、挫折和挑战，来找他解决的时候，"老板，请问这个事情怎么办呀？""怎么办，你问我，我问谁呀？我告诉你，我什么都不会，我什么都不懂。你们来之前不是告诉过我吗，这个你很厉害，那个你很专业，这个你没有问题，那个是你的长项，今天怎么跟我讲这一堆的问题了。所以，你们也不要依赖我。这个事情只有授权给你们干，而且必须给我干好。"

由此可见，大多数学历低的人之所以能当上老板，最重要的是因为他们愿意，也敢于找比自己强的人来帮助自己，而且他们还敢于授权。他们用自己的无能，刺激了团队的有能；用自己的无用，激发了团队的有用；用自己的无为，迫使团队大有所为。这是一种典型的"无能而有能，无用而有用，无为而有为"的管理方法，达到了"无为而治"的最高管理境界。

领导心得

总裁无为，中层有为，基层无所不为，企业才能大有所为。

所以，各位读者，你也有必要想办法把让自己无能，团队有能，成为你最重要的战略思考；让自己无用，团队有用，成为你最重要的战略部署；让自己无为，团队有为，成为你最关键的企业行为。看似无为，其实一直有所作为。可以说，企业的发展与这种"无为"的思想是分不开的。由此，我想到了《庄子·人间世》中记载的一个故事。

哲理
感悟

有个石木匠到齐国去，经过曲辕，见一棵栎树生长在社庙旁边，被奉为社神。这颗树大得难以形容，它的树荫可以供几千头牛同时歇息，围观的人多极了。可是，石木匠连看都不看一眼，径直向前走。他的徒弟却为它神迷，看后跑着追上师傅，道："自跟随师傅以来，从没见过这样好

的大树，而您却看都不看，
这是为什么？"

石木匠说："这是散木。做船
船会沉，做棺材会很快腐烂，
做用具会坏得快，做门户会
吐脂，做屋柱会蛀。总之，
是做什么都不行。"

无用而有用

当天晚上石木匠做了一个很奇怪的梦，他梦见这棵大树对他说："你认为
我无用就不好吗？如果我有用的话我不早就被砍掉了吗？如果我有用我能
长到现在吗？如果我有用我能长到这么高大吗？因为无用，所以我才能有
这么长的寿命，因此我是无用而有用。而且虽然我的树干无用，但是我枝
干上面有用就行，只要上面的树干有用，它就会长得更高，长得更大，所
以我无用是我最大的用处，是无用让我变得更有用。"

这种"散木"的智慧正是企业管理者应该仔细思考的。"无用"让
树干存在，而且还成全了所有的枝干。试想，如果树干"有用"，原本
有用的枝干就无附身之处了，如同今天的管理者不愿意授权，老是做下
属的工作，这样一来枝干没有生长之处，最重要的树也就无法再长得更
高大。

今天，许多企业之所以都只是"小树"，是因为很多管理者没有从长
远考虑，认为下属没有自己做得好，或者担心授权后还要重做，甚至害怕

下属"威高震主"，所以什么事情干脆自己办，做一些枝干的事。就因为这样，下属没有锻炼的机会，你也没法培养更多的接班人，发展下去，你只会越来越累，企业越办越糟糕。

可见，管理者不授权，不"无为"，企业就会被人连根伐去，所以我们要学会做一个"散人"，将自己的主要精力放在思考如何让企业活得更久更强大。当然这个"散"是"形散神不散"，在企业当中，企业运营的格局、战略、思维、运作的模式和系统都离不开领导者的思想，就如同树干从根部不断地吸收养料和水份输送给各个树枝分叉。因此，企业领导者需要用一种无形的思路指挥全局，最终无为而有治，这才是立大业的根本之道。

> 领导心得
>
> 无欲往往可能是最大的欲望，无为往往是最大的有为。领导者的"无为而治"就是把自己的欲望分解给你的下属，让他们有欲望去达标，让下属有欲望去挑战自己的人生。

无为是最大的有为。老子曾说过，"无即有，有即无，无中生有，有中皆无。"这个方法套用到企业当中就是"自己无能、无用、无为，团队有能、有用、有为"，就出现了"无即有，有即无，无中生有，有中皆无"的结局。

自检

（1）如何让自己逐步养成无能、无用、无为的思想和惯性？

....

....

....

（2）如何让团队真正从此养成有能、有用、有为的思想和惯性？

....

....

....

....

总裁教练姜岚昕老师认为：

让自己无用，团队有用，是管理者最重要的战略部署；让自己无能，团队有能，是管理者最重要的能力所在；让自己无为，团队有为，是管理者在企业最大的作为。

请写下您的阅读感悟和即将践行的计划

第二章　接受反授权

思考

为什么越授权，自己却越加忙乱？为什么授权越多，反反复复的工作越多？

什么是反授权？领导如何才能避免反授权？

我曾经遇到过很多这样的领导，当他们把一项工作授权给下属去做的时候，下属很高兴地去处理了，结果过几天下属回来的时候，他就告诉你："王总，你好。你安排的事情我做了，但难度很大，挑战很大，我实在搞不定，你看怎么办？"当他反过来问你怎么办的时候，这个家伙是在干一件事——反授权。如果你同意了，就是接受反授权，你就成了下属免费的助理。这也是领导为什么累的第二个原因。接受反授权，只会让下属越来越依赖你。依此循环下去，就会养成下属的惯性。如果领导再接受反授权，那就一发不可收拾了。

◆　接受反授权的后果

从理论上讲，反授权是指下属把自己所拥有的责任和权力反授给管理者，即把自己职权范围内的工作问题、矛盾推给管理者，"授权"管理者为自己工作。如果管理者接受了下属的授权，便使理应授权的管理者反被下属牵着鼻子走，处理一些本应由下属处理的问题，使管理者在某种程度和某方面"沦落"为下属的下属。对此，如果不警惕，不仅使管理者工作被动，忙于应付下属请示、汇报，而且还会养成下属的依赖心理，从而使上下属都有可能失职。

各位读者，我告诉你，反授权的现象不解决，下属找你的时间会越来越多，你的时间会越来越少，事务越来越多，让你应接不暇，顾此失彼，变成不折不扣的"救火队长"，后果只会很严重。比如：

第一，只要你答应一次，你就是在培养下属重复反授权的习惯。时间越长，重复的次数越多，未来你就会越来越累。

第二，对于那些脾气比较暴躁的老板，下属搞不定，你可能把桌子一拍，"搞不定，我就不信搞不定，你不信，我搞给你看一看。"所以，最后又是你自己受累。久而久之，你的下属就知道了，"我们搞不定的事情，让老板来搞，最多批我们几句，我们忍耐两分钟，最后老板自己去干了，我们就可以休闲了。他干砸了，也是他的事情，跟咱没有任何关系。"你看，这个家伙彻底金蝉脱壳。

第三，对于那些脾气比较好的老板，当下属来问他"怎么办"的时候，他可能会这样回答："哦，这个事情怎么办？让我想想怎么办。"既然这样说了，过了两天，下属可能就会问你："王总，前两天跟您说的那个事，您想好了吗？您看看怎么办比较好？"你看看，这个下属不仅反授权给你，还来检查你到底有没有干。这个家伙都没有来上过我的"总裁执行风暴"，他都知道"下属不做你希望的事情，只做你即将要检查的事情，透过检查让你把结果提前，他自我退后不干。"他是解放了，你却陷进去了。

可见，反授权的结果就是领导做的都是下属做的事情，而下属做得都是上司的事情。领导越来越累，下属越来越闲。可是，各位读者，你们有没有想过：我们授权需要花时间，下属做事要花时间，他没有做好又授权给我们要花时间，我们做也要花时间。无形中，就增加了 4 倍的时间成本。

自检

（1）在过往的经营管理中，你是否经常接受反授权？从中给自己带来了什么损失？你将如何有效地避免？

_____

_____

_____

（2）团队之所以习惯于反授权，主要的责任是在团队，还是在自己身上？你将如何扭转这种局势？

_____

_____

_____

◆ 找到解决反授权的方法

下属的反授权不是自己的本性，而是领导为其养成的习惯。那各位读者朋友们，想想看，你们身上是不是也有以上这些情况呢？接受反授权只会让你越来越累，所以，你应该把焦点放在成果上。我自己从来都是把焦点放在成果上，因此，针对这种老是问怎么办，老是喜欢搞反授权的人，我发明了一个办法。

当我把这个办法在世华智业集团内部一推广，马上就杜绝了反授权的现象，产生了巨大的反响。而且，我把这个方法在"总裁执行风暴"课程上一讲，学员们在自己的公司推广后，也马上杜绝了反授权的现象。各位读者，今天如果你也把这个内容在自己的公司推广，你的公司也将避免乃至杜绝反授权的现象，而且让你解放，企业重生。这个方法是什么呢？当下属问我怎么办的时候，我会跟他们说：

领导心得

我也不知道怎么办，唯一的办法是你继续去办。办好了你得到奖励，办不好就得到惩罚。不管是奖励还是惩罚，你都是兑现自己的承诺，履行自己的工作职责，为自己赢得生命的尊严。所以，你要么把事情办了，要么把人办了。当然，我相信你，如果你还在乎公司、承诺、责任与尊严的话，你肯定会把事情办了，而且会办得很好。

经过调查显示，我把这段话一讲完，90％以上的同仁都能把事情办了，只有不到 10％ 的人把自己办了。那个把自己办了的人，正好也是我想办的人。都不用我出面，他自己就把自己给办了，这叫授权有力。因此，各位读者，你也可以把这句话运用到你的公司里。也许刚开始，下属不习惯，但时间一久，他就知道自己负责的事情自己做。

我的很多学员在学完这个内容之后，直接把这段话抄下来，制作成一个小卡片。谁再问他们怎么办的时候，就掏出这个卡片，对着他念。不要小看这简单地一念，起到的效果可是巨大的。

我也不知道怎么办？

我有一个企业家朋友叶总，做了多年的婴童用品企业，他和团队参加完三天的"总裁执行风暴"课程后，感触颇深。课程一结束，他就在公司开执行大会，通过会议传递课程精髓。

一段时间后，叶总来看我。他告诉我，"姜老师，上次参加你的'总裁执行风暴'课程，我有四天没有回公司。当时我就想，回到公司，肯定有一推的人来问我怎么办的问题。所以一回到公司，我什么事也不干，就往办公室里一坐，等着谁来第一个问我怎么办的问题。果不出我所料，我在办公室里坐了不到 20 分钟，就有人敲门了。这个人没讲一会，就把问题抛给我了。他说，'叶总，你看这些事情到底怎么办才比较好呢？'我心想，'怎么办，我今天就是专门等你这句话的。'

"掏出卡片，就对他说：'怎么办？我也不知道怎么办，唯一的办法是你继续去办。办好了你得到奖励，办不好就得到惩罚。不管是奖励还是惩罚，你都是兑现自己的承诺，履行自己的工作职责，为自己的生命赢得尊严。你要么把事情办了，要么把自己办了。如果你还在乎公司、承诺、职责和尊严的话，我相信你会把事情办了，而且会办得很好。'"

当时，我听了，感觉很有趣，问他接下来的事情。他笑笑说："姜老师，我把这段话一讲，我那个下属简直晕掉了。过了一分钟之后，他终于反应过来了，只跟我不断重复四个字，'叶总，我知道了，我知道了，我知道了。'然后直接走人，最后把事情给搞定了。"

我告诉他，这是当然，我在世华智业集团把这个方法一推广，马上就杜绝了反授权的现象，相信在你的公司也能产生巨大的反响。他点点头，说，"姜老师，这我绝对相信。因为这以后我每天都把这个卡片装在口袋里，一有谁来问我怎么办，我就念给他听。过了半个月左右的时间，当有人来问我怎么办，我只要把卡片一掏，对方就后悔了。当我说到"要么你把事情办了，要么……"他马上就说"叶总，您不用讲了，下一句话就是要把我办了，我还是不打扰您了，我去办事情了。过了一个月左右，来问我怎么办的人越来越少。只要谁来问我怎么办，我只要把卡片一掏，还没来得及讲话，他们就直接走人，把事情给办了。姜老师，你的这个卡片的威力简直太大了。"我开玩笑地说，"那是当然，你没有看一看，是谁教你的？"

从开始运用这个方法之后，叶总的公司连续3年业绩持续递增50%以上。所以，各位读者朋友，你也不妨把这段话运用在你的公司。我相信用此方法，找你问"怎么办"的人肯定越来越少，他在去你办公室的半路上可能就会想，"去问'怎么办'，估计领导还是给念卡片，我还是自己想办法办了。"所以，这个方法定能让你从"救火队长"变成真正悠然自得、一切尽在掌握的领导，让你的企业产生巨大变化。

自检

（1）当你知道如何杜绝反授权的策略之后，你将如何转化成具体有效地行动方案？

（2）如何让反授权的惯性在公司自上往下地被打乱，你有什么建设性的落地方案？

....

....

....

....

总裁教练姜岚昕老师认为：

下属之所以习惯于反授权，是源自管理者在重复接受下属反授权的过程中，所累计产生的一种职业惯性，以此循环往复，如果接受反授权的惯性不被中断，管理者必然会累得心力交瘁。

请写下您的阅读感悟和即将践行的计划

第三章　插手已授权

思考　为什么管理者真心提携下属，而下属却等你失败？为什么
管理者用心栽培下属，下属却一直推卸责任？

在企业当中，经常可以看到这样的现象：当下属的某项工作进行到一半的时候，很多领导就喜欢跑过去问：干到哪一步了，下一步做什么；或者告诉下属，搞不定就给我打电话。于是下属一遇到问题不是自己想办法解决，而是找你。搞不定就给你打电话，而你总是十万火急地马上赶过来。最听话的员工是领导，随叫随到，所以你只能经常受苦受累，这是你自找的。

更重要的一点是，如果下属已经有了解决问题的办法，而你又告诉下属应该如何做的时候，你就是在给下属制造工作压力。因为下属如果按照自己的方法去办，他心里就会有负担，觉得到时候事情要是做不好，你会怪他没有听你的建议。所以，最后他干脆放弃自己的想法，按照你的方式去做。

当你把这个事情授权给别人办了，又要插手，你知道最后的结果是什么吗？水不清澈，是领导你自己搅浑的。因为你不仅等于没有授权，而且比没有授权还严重！插手只会产生很严重的后果，我们且看看。

◆ 等你失败

插手已授权的第一个严重后果就是下属不会配合你，而是等你失败。

为什么下属会等你失败？我们可以从心理学的角度来分析，只有你失败了，才能证明你并不怎么样；只有你失败了，才能证明你并不比他强；只有你失败了，才能证明你并不比他做得好。而如果你插手后，事情成功了，就证明下属没用，没能力。这样，他心里肯定不舒服。

所以，一般情况下，下属是不会配合你的。你插手的事情，下属就会在旁边等着看你的笑话，甚至暗地里搞破坏，希望你失败，免得你成功了，就证明他无能。你看，他以证明你失败，并不比他强为他的动力，而不是协助你成功为动力。

当你插手，授权的工作最后没有达成时，下属心里就会想："你以为你来搞，你比我厉害，你不也没有搞成功吗？你来插手，你不也没把问题处理好吗？大哥不要说二哥，彼此彼此，咱们都是同一个水准。"

◆ 推卸责任

插手已授权的第二个严重后果就是授权的事情没有拿到成果时，下属会推卸责任。

想想看：当你插手后，事情最后没有成功，你问下属，事情为什么没有成功，下属会怎么说？他肯定会找出各种各样的借口推卸责任。比如，他会说"王总，当时这个事情你也知道呀"，"王总，我们是按照您当初的意思去做的呀"，"当时我们还给您打过电话确认呀"之类的话。所以，各位读者，从你开始插手下属工作的那一刻起，他要付的责任已经开始向你身上转移。

一件事情要是让一个人负责到底，如果出了问题，那这个人承担的责任将是100%。如果领导把这件事情授权给下属做，中间又插手，一旦出现了问题，要由两个人负责的时候，请问读者，每个人要承担多少责任？50%吗？50%是你的数字化心理，但是从人的心理惯性和接受程度来讲，本来是100%的责任，只要你一插手，就变为两个人都不愿意承担责任。

经典
案例

在这一点上，我上海的一个学员陈总感触颇深。他的企业主要是做银饰品牌连锁店，在企业创办的最初几年，因为他总是放心不下，每家新店开业从选址、装修、货品采购、陈列、开张、招聘等一切事宜，授权下去之后，最后又都是他自己一个人全权处理。自己累不说，直营店开到15家以后，就很难再有发展。尤其是金融危机爆发后，连锁店的

用数据说话

发展更是困难重重。

陈总走进世华总裁学堂之后，我告诉他，"对于下属，一定要100%信任。即使做砸了，这也是培养团队必须经历的过程和要付出的代价。而想要下属100%承担责任，就不能插手。因为你一插手，就变成你的责任了；你不插手，做砸了，他也会心甘情愿接受惩罚，让他终身难忘，同时还帮助了他成长。这对其他同仁也起到警示的作用，避免他们犯同样的错误。"

回到企业之后，陈总开始重新调整组织架构，先后成立了拓展部、采购部、物流部、销售部、企划部、人力资源部、财务部、网销部、审计部，将所有工作一一授权给相关职能部门，职责清晰，责任到人。他不再插手已授权的事情，而是授权更彻底。比如拓展部人员刚开始不知道怎样拓展新店的时候，他指导下属自己分析所选店铺周围的人流量，消费层次、市场竞争、购买力等情况，所有环节都用数据说话，再做成表格加以分析总结。虽然这个过程当中，有过失败，有过损失，但他明白没有经历过挫折的团队是不可能成长的，这也是培养团队必须经历的过程和要付出的代价。

当然，不仅仅是对拓展部，对其他各部门的工作，陈总也不再插手已授权的事情，而是充分信任下属。同时，他让所有高管接受"总裁执行风暴"的学习，强化团队不折不扣拿到成果的职业惯性。没过多久，陈总不仅从繁忙的工作中解放出来，下属也得到充分的成长，连锁店更是得到突飞猛进的发展。

我在领导世华智业集团的过程当中，每次授权的事情，即使看到同仁快做砸了也不会插手，为什么？因为第一，我既然用他，就要 100% 信任他。即使做砸了，这也是培养团队必须经历的过程和要付出的代价。第二，一旦我插手了，事情最后做砸了，就是我的责任，而不插手却能让当事下属 100% 承担责任，他也会心甘情愿接受惩罚，这样不仅能让他终身难忘，也会对别人起到一个警示的作用，避免别人犯同样的错误。把这一人一次的错误带来的损失，作为避免更多人更多次的损失来说，这是非常具有执行价值和意义的教育活动，是很有价值的投资。我相信，对于其他企业来说，这样的损失也是值得的。

领导心得

罚一人，可以避免多人重犯同样的错误。

各位读者，你知道你的电话为什么比较多吗？就是因为你经常告诉下属，如果这个事情搞不定，就给你打电话。所以，他搞不定的第一个解决方案不是如何想更多的措施，而是给你打电话。你告诉他怎么办，他就怎么办。最后办砸了，你问他怎么办砸了。"王总，我给你打电话了，也按照你的意思办的，结果就是这个样子。"你看，不是他做的不行，而是你教的有问题，反倒成了你的问题。

自检

（1）在领导团队的过程中，因为你插手已授权的事情，下属一直在等你失败，而大多数情况下你真的失败了，你从中有什么思悟？如何真正地做出改变？

_____

_____

_____

（2）在领导团队的过程中，因为你插手已授权的事情，下属一直在推卸责任，而你却因为没有惩罚的依据不了了之，或者无根据地强行惩罚下属，给你的领导魅力和团队状态带来了多大的负面杀伤力？你决心怎么做，才不至于重复发生这样的事情？

_____

_____

_____

◆ 总是关机的手机

在世华智业集团，我领导着 3000 多位同仁，可我直接管理的只有 5 个同仁。而且我告诉他们，你们这 5 个人，不到万不得已，不要给我打电话。

如果有人把电话打过来，我就问他，"请问，现在到万不得已了吗？""姜老师，还没有呢。""还没有，那你干嘛打电话？""哦，对不起，姜老师。"十秒钟解决战斗。久而久之，他们就很少给我打电话。遇到问题，都是自己干。自己干也好，自己成长。

平常我的手机经常关机，没人接，有学员就问："姜老师，你的手机老是关机，没人接，如果假设公司因为你老是关机，没人接，倒闭一个，怎么办？"我说，"如果我因为手机关机，没人接，这个公司都倒闭了，那这个公司肯定是我要裁剪的公司。你看，都不用我出面，他自己把自己裁剪了，这叫省时省心省力，感恩上帝。"

作为一个领导，一定要了解下属的心理惯性和行为惯性。一个优秀的下属，当打你的电话关机没人接的时候，他不会手足无措，而是告诉自己，"老板不接电话，这个事情不能等他，我必须自己想办法把它搞定。"所以，这能帮助你创造成果。而一个老是找借口和推卸责任的下属，打不通就一直给你打电话，没有打通，他就不去办。像这样的下属，你刚好可以拿这个事情作为理由，把他给办了。在高管会议上再作为案例一讲，以后你的电话再关机没有接，很多人就不敢不办事了。

同样，一个无用的下属，即使你24小时候机，你告诉他怎么做，他还是依然做不到，最后责任还会转移到你身上。而且一旦你有事不能接电话，公司出事了，就会让团队人员慌乱、定力缩减，那公司就真的出问题了。所以，你要学会放手，学会逼你的下属。只有这样，他们才会得到最大的成长。

> 领导心得
>
> 人是被逼迫和被要求出来的，因此，杜绝反授权，领导首先就要放得开。

如果你善于逼你的下属，并向下属灌输"逼"是对他好的观念，慢慢的，人不就被逼出来了吗？我讲课时，我的手机都是关机，关了这么多年，也没有出什么事。我告诉我的同仁，"你走近我，你会得到短暂的幸福；我远离你，你会得到短暂的痛苦，但是会得到长远的幸福。所以如果万一出事了，也是给我们一个反省的机会，也能让我们从问题中学到更多。我作为这个企业的家长，迟早有一天都要离开这个家，并且永远都不再回来，那为什么不趁我还在家的时候，让下属养成不依赖我在家的心理和行为惯性呢？"

所以，你要不想让下属等你失败，不想让下属推卸责任，也不想让自己那么累，真的想让自己解放、企业重生的话，那从今天开始，不要再插手已授权。你不仅是这样说，而且一定要这样进行。只有这样，才能真正做到领导逐步的解放，未来企业一步步重生。

> 自检
>
> （1）优秀的下属在接到授权后，总会想尽办法拿到成果，而遗憾的是，管理者在下属正在接近成果的过程中，他急不可待地插手了，从此拿不到成果就变成了管理者的责任，你是不是就是这种管理者？你决心怎样改变这种恶性的习惯？

（2）无用的下属在接到授权后，总会想尽办法寻找各种借口，而遗憾的是，管理者在下属正在寻找借口的过程中，他急不可待地插手了，从此下属就借机抽离，责任就转化在领导身上，你是不是就是这种管理者？你决心怎样改变这种恶性的习惯？

总裁教练姜岚昕老师认为：

只要你插手已授权，下属不是等着你失败，就是推卸责任。因为只有你失败了，证明你并不比他强，同时他免受处罚。如果你追究他把事情做砸了，他会认为，如果你不插手，他已经把事情做成了——他将责任直接推到你的身上。

请写下您的阅读感悟和即将践行的计划

第四章 关注过程

思考　为什么管理者已经事无巨细，而事事未必成功？为什么管理者已紧盯每个过程，而结果却总不尽人意？

关注过程是领导为什么累的第四个原因。什么是关注过程？一般来说，下属的焦点是在做事情的过程上，而领导的焦点则是放在结果上。可是，很多时候，当领导把事情授权下去的时候，总是关注下属做事的过程，而不是关注结果。作为领导，如果你只关注过程，就会被下属的过程所牵累。为什么这么说？

◆ 过程与成果

在企业当中，不少领导习惯于关注下属做事的过程，而另外一些领导更多的是关注下属的成果。关注过程与关注成果，产生的结果，必然有着天壤之别。这里我用一个案例来说明这个问题。

为什么人没到齐？

董事长张总让他的秘书小王召集手下的 30 个总经理来开会。小王赶紧通过传真、E-mail、短信、QQ 给每个总经理都留言了，甚至亲自打电话到每一个总经理的电话上，告知他们下午 3 点在会议室开会。全部安排好后，为了防止总经理迟到，他同时又通知了各个总经理的秘书，让他们提醒总经理下午 3 点在会议室开会。

从完成任务的角度讲，小王已经做得很好了。结果下午开会的时候，张总走进会议室一看，只有 10 个人，还缺 20 个。他问秘书："小王啊，为什么来开会的只有 10 个人呢？"小王无可奈何地说："啊！我已经给每个总经理都发了通知。为了让他们能按时参加会议，我不仅留言和电话通知了总经理本人，还给他们的秘书打了电话，让他们提醒每个总经理。该做的，我全都做了，他们不来，我也没有办法。"其实，这个时候，小王只是完成了一个过程。

在企业当中，很多员工只是完成了这个任务，真正的结果却没有完成，而企业要的是最终的结果。上述张总要的结果是下午3点，30个总经理准时在会议室里。而一个真正有执行力的人不是只完成这个通知的过程，他还会打电话告知每个总经理这次会议的重要性，让他们务必参加。在会议开始前，他还会再次打电话确认各位总经理是否已经出发了，或者实在不能来的，又有什么原因。

可是，在实际工作中，很多领导自己本身就只关注过程。比如那个张总在听完小王的解释后，可能还会夸小王："不错，你已经用心了。虽然人没有到齐，但这不是你的问题，而是那些总经理的执行问题。"果真是这些总经理的执行力有问题吗？虽然他们也有一些不足，但真正的原因还是出在执行者小王的身上。如果此时，你不追究责任，还觉得小王做得很辛苦，想要奖励他，那你就错上加错了，因为你奖励的只是一个过程。

领导心得

如果没有成果，只做出过程就得到原谅，下属就不会为结果有无价值负责任；如果过程到位，还得到奖励，等同于无形中培养下属的过程思维，成果导向的思维就在他内心中开始淡化。

不知道各位读者有没有玩过这样一个游戏。小时候，一到晚上长辈经常逗我玩，拿着手电筒，把光柱照在一面墙上，让我用手去抓那个光柱。我手舞足蹈地到处抓，他就不停地晃动手电筒，我就跟着光柱转移，不停地挥舞着双手。

这个游戏就包含了焦点和注意力的问题，而这也同样适用于领导与下属之间。你引发下属的焦点关注在哪里，下属的注意力就会在哪里。如果你引发下属注重过程，下属的注意力就会在做事的过程上；你引发下属注重成果，他的焦点就会在成果上，他就会注重去拿到成果，而不是过程。所以，你应该首先把焦点转移到成果上来。

自检

（1）为什么团队的人都是完成任务，应付差事，任务等同于成果吗？你如何改变团队的这种思维和行为惯性？

（2）为什么团队的焦点只是做了，而不是做到？你将如何做，团队才能真正地养成成果导向的惯性？

◆ 以成果为导向

当你是以成果为导向的时候，也许刚开始你的下属会不适应、不舒服，难以接受，但是长此以往，下属所有的焦点也会和你一样，转移到成果上去，而不是事情的过程当中。

经典案例

每次开课之前我都会熟悉一下会场，记得有一次，我在上海物贸大厦开"总裁执行风暴"的课程，课前照例到会场查看一下。我发现舞台后面的背景板不是特别理想，当时我就要求会务负责人赶紧安排人把这个背景板换掉。他告诉我没问题，今天下午就可以找人换掉。

当下午课程结束的时候，帮我们换背景板的广告公司来了。我跟他们说，这个背景板一定要靠在墙的最后部位，这样才能让舞台的空间更大，我演讲的时候才会更加灵活，对听众也更有感召力。

我刚一说完，广告公司的人就告诉我，装在后面怎么难，装在中间怎么容易，讲了一推的理由。而且我发现，只要我一直待在那里，他就跟在我后面告诉我，按照我指定的位置装难度有多么大，而不是怎样解决这个难题。最后我告诉他："一切都拜托你们了，不管今天装到什么时间，都要按照我指定的位置把它装好。而且无论需要多长时间，世华智业集团的同仁都会陪着你们装下去。"随后我就走了。

当我回到房间洗浴完毕，准备吃晚餐的时候，助理打电话告诉，"姜老师，您放心，他们现在已经开始按照您指定的位置装了。"为什么我才走了十几分钟，他们就开始按照我指定的位置安装了呢？因为从我走的那一刻开始，他们就彻底打消了不想安装的念头，他知道早做晚做，都要按照我指定的位置做，还不如早做早结束。

我想，通过这个案例，各位读者一定有切身的感受，当你总是去关注下属做事的过程的时候，他一定会告诉你，这个过程有多么难，这个过程怎么不好做，他一直在讨论这个过程。可是当你把焦点放在成果上，你告诉他，"这个事情由你负责，你必须把这个事情负责到底，拿到成果。"他就会彻底死心，一心一意把成果拿到。

领导心得

关注过程，讨论过程；关注成果，推进成果。

所以，作为管理者，一定要明白：只要你是关注过程，下属就会觉得事情不管做得好还是做得坏，做得到位还是不到位，都跟他没有关系。这样做的结果就是下属有更多找借口的理由，而你只会越来越累。如果你关注的是成果，下属就会推进这个成果。因此，作为领导，当你安排下属做一件事情的时候，你不要总是去关注他的过程，而是强调成果导向。你关心过程，过程就会受到滞缓；你关注成果，成果就开始接近。

经典案例

记得有一次，一位同仁设计了一份资料，并通过 QQ 传给我。看完后，我发现这个资料有三个问题，就马上叫文字助理给他回一句话，就说，"姜老师已经看过这个资料，发现有问题。"对方马上问有什么问题。我让助理回了三个字过去——"自己找"。

过了半个小时，他从 QQ 上发了一句话，"姜老师，我已经发现了十个问题。"你看，我没有看出来的问题，也被他看出来了，而且比我还多发现了七个，比我的功力还高。

各位读者，如果我告诉他哪三个地方有问题，他把三个问题一改，万事大吉。等后来我再发现问题告诉他的时候，他可能会说："姜老师，当时你只告诉我三个问题，我全改过来了，剩下的问题你没告诉我，我也没发现。"这时，说不定他心里还会想："你早告诉我，我也改过来了。反正最后一遍，是你终审的。"

可见，你关注过程，下属就会和你讨论过程；你关注过程，责任就开始转移。你关注结果，下属的焦点也在结果上；你关注结果，下属就会逐步接近结果。所以，各位管理者，你为什么累呢？因为你总是在关注过程。如果你关注成果，你告诉他，做到了我就奖励你；做不到，我就要惩罚你。然后再跟他说，你信守承诺，你要用生命来坚决捍卫，一切要以成果为导向，没有任何借口，绝不言败，不折不扣地拿到成果。说完这些，其他问题你就不用去关心了。

自检

（1）为什么越关注过程，结果越不理想？你从中有什么新的发现，将从此让你的生命有所不同？

_____

_____

_____

（2）为什么越关注结果，过程却越理想？你从中有什么新的发现，将从此让你的生命有所改变？

_____

_____

_____

总裁教练姜岚昕老师认为：

管理者的焦点关注在哪里，下属的注意力就会在哪里。如果你的焦点在过程上，下属的注意力就会在做事的过程上；如果你的焦点在成果上，下属就会专注在成果的获取上。关注过程，讨论过程，结果就会停滞；关注结果，推进成果，结果就会提前。

请写下您的阅读感悟和即将践行的计划

第五章　个人行动力太强

思考 为什么个人的行动力越强，而团队的执行力越差？为什么个人成长得越快，而团队却成长得越慢？

　　在现实工作中，很多管理者的个人行动力太强，遇事总是自己疯狂地行动，殊不知，这样做的后果只会导致组织的执行力越来越差，而自己却越来越累。这也是领导为什么累的第五个原因。其实，个人和团队是两个概念，个人追求的是一种行动力，团队需要的是一种真正的执行力，所以个人≠团队，行动力≠执行力。

◆ 个人行动力与团队执行力

　　作为一个管理者，少不了要决策，要拍板，要分工。事情安排好后，还要跟踪、检查。可是，在现实工作中，真有这么顺利吗？

　　我们知道，十个手指都有长有短，即使是双胞胎，性格和能力也会有差别。所以，工作中，不可避免地会出现：一项工作安排下去后，每个人完成的进度不一样。这就像跑马拉松一样，跑了一段时间，就稀稀拉拉地拉开了距离，分成几个梯队，这时就需要管理者来协调。

同时，管理者在安排工作时，有时并不十分清楚每项工作的实际工作量，加上客观环境和每个人的实际能力不同，各人所面临的困难也不一样，完成情况就会相对有差异，工作进行到一定时候，也需要管理者来协调。

这时候，作为领导的你要十分注意的是一只"猴子"，这只"猴子"的名字就叫做"麻烦"。这也是管理上十分有趣的一种现象。什么是"麻烦"呢？这可不是我们平常生活中遇到的那些小事情。在工作中，下属不可避免地会遇到很多麻烦，这就是我们常说的问题，我们可以生动地把这些问题比作"猴子"。

很多时候，下属碰到麻烦，会来找你解决。你如果和他仔细探讨，分析解决问题的办法，他心满意足地回去了，这时候"猴子"还在他的肩上，他自己搞定。

可是，如果你说："这么简单的事情都搞不定！你不用管了，我来做！"这时，这只"猴子"就跳到你的肩膀上来了。作为管理者，如果你不懂得领导之道，一天到晚到处逞能干，真不知道你宝贵的一天能搞定几只"猴子"。长此以往，你肩上的猴子只会越来越多，压得你喘不过气来。

经典案例

在我身边有很多这样的企业家学员，他们总认为把"猴子"揽到自己肩上，做事雷厉风行，比较快，就是执行力强的表现。其实，这是一个误区，并不是因为一个人行动力强就代表一个人执行力强。从企业的角度讲，一个管理者的行动力越强，下属的执行力就会越差。

我能搞定几只猴子

江苏盱眙的小龙虾全国有名，我的学员王总就在盱眙创办了一个龙虾养殖的产业园。在创业之初，他就因为个人行动力太强，总是把下属做不好的事情揽过来自己做，身上背负的"担子"越来越多。这在较大程度上养成了企业团队"等""靠""要"的惰性，团队的执行力越来越差。

产业园发展的最初阶段，王总还没有感觉到问题的严重性，可是当企业的规模越来越大的时候，他发现自己每天虽然有忙不完的事情，但工作效率却很低。团队的整体执行力不仅没有随着公司的发展而加强，抱怨反而越来越多，公司陷入管理瓶颈。王总很纳闷：自己和团队成员的能力都不差，为什么公司经营起来感觉很累？管理很难？效率很低呢？

在王总百思不得其解之时，他走进了世华"总裁执行风暴"课程的现场。当时，我就告诉他："个人的行动力与团队总体的执行力成反比。管理者个人的行动力越强，团队的执行力就越差；管理者个人的行动力越快，团队的执行力就越慢。你越是自己行动，团队的执行力就会越来越差，而自己却越来越累。"

当上完课程后，他找到了自己的问题所在，回到公司就开始重新调整自己的管理方式。首当其冲地就是将自己与团队的角色区分开来，将自己定位为决策者，团队定位为执行者，各行其事；然后，有效授权，充分发挥团队每一个成员最具优势的能力；再挑选合适的执行人，以成果第一为导向来开展各种工作。做好这些准备工作之后，他又投入大量的培训经费在团队的成长上，带领和组织全体高管系统地参加世华的培训和学习，并重新制定公司的发展战略，全面提升企业的执行、管控和行销能力。

现在的王总不再像以前一样总是自己行动，而是鼓励下属，让他们树立起一定能够做好的信心。当某项工作下属做不好的时候，王总鼓励其自行解决，实在解决不了，他也会告诉下属承担责任也是生命的一大成长。渐渐地，王总发现团队不再像以前一样"等""靠""要"，整体执行力也提高了很多，自己也从繁忙的工作当中解放出来，有了更多的时间和精力去规划整个企业的愿景，实现产业园的战略目标。

在最近一次"总裁战略风暴"的课程中，王总告诉我："现在我们企业总体的执行力比以前提高了很多，销售额更是增长了30%。虽然我们已经拥有中国最大的淡水龙虾养殖基地，但我的目标是要在近5年内再开办15家分公司，建成以龙虾、螃蟹养殖为主，打造集科研、育苗、养殖、种植、深加工、饲料、调料为一体的生态循环农业体系，并延伸至流通、餐饮、生态休闲观光等领域。"

祝福王总的同时，也希望亲爱的读者朋友也能如王总一样明白：管理者个人的行动力越强，团队的执行力就越差；管理者个人的行动力越快，团队的执行力就越慢。个人的行动力与团队总体的执行力成反比。

其实这点很好理解，这就好比孩子小时候，父母太过溺爱，舍不得让孩子做饭，舍不得让孩子洗衣服，舍不得让孩子收拾房间。结果呢？父母什么都会做，孩子长大后，什么都不会做。这与企业当中，管理者和下属之间的关系是一样的。如果一个管理者什么事情都亲力亲为，那下属就一定不会有很好的执行力。事情你都做了，下属还做什么呢？没事可干，整个团队的执行力也就越来越差！

我在讲课的时候，经常发现这样的现象，很多企业领导在课间休息的时候，总是不停地拿着手机在问："公司有事吗？"如果没事，他就继续心安地听课。在课间休息的时候，他又拿起电话问："公司有事吗？"好像公司不出点事，他心里就不舒服。我估计他的这个电话打到第三遍的时候，他公司里的同仁就会想："看来这个王总很着急，如果不弄点事情，他就会把我们烦死的。"于是，还不等这个王总打第四个电话，他就主动打过去："王总，公司有件事情，你得立刻回来，不然我们搞不定。"也许这个王总还没等下属说完，就行动起来，说"好吧，你等着，我立刻回来。"你看，真是受累的命。

公司有事？

行动力≠执行力。管理者自身行动力的强弱与组织行动力的强弱成反比。管理者自我行动力太强只会导致组织的行动力太差，最终使组织没有执行力。因此，一个会管理的管理者，与只会埋头苦干的行动者有着本质的区别。他们的行动体现在战略层面，并不是自己去瞄准、去射击、去谈判、去签合同，而是指挥、驱动一个组织去行动。

自检

（1）为什么你的行动力和团队的执行力成反比？你如何扭转这种趋势？你所做的这一切有什么价值和意义？

_____

_____

_____

（2）为什么你总有忙不完的事，而团队好像无所事事？如何让你无所事事，让团队有忙不完的事？你的计划是什么？

_____

_____

_____

◆　领导的四重境界

领导者行动力强固然可以证明自己的能力，但领导者主要凭借影响力去发挥作用，这个影响力就是领导者的威信。一个领导者，要有效地实现领导目标，不但要会运用权力，而且更需具有威信。威信是领导者在领导活动中表现出来的品格、才能、学识、情感等对被领导人所产生的一种非权力的影响力，也就是领导者做人做事方式对下属的影响力。人们常常把领导者的威信视为"无言的号召，无声的命令"。

作为领导的你，一旦威信树立起来，即使你不在公司，你的同仁也会自动自发地认真完成工作；或者只要你一开口发布命令，不必过多重复，也无须多言，更用不着动怒，下面的人便立即禁声，竖耳倾听，照章去办。那么领导者如何树立自己的威信呢？

领导者威信的树立是一个循序渐进的过程，那些能够吸引下属长久跟随的领导肯定是在做人做事方面有着极大个人魅力的，但一个有魅力的领导人并不是那么容易做到的。所以，我认为一个有魅力、有威信的企业领导人，应该在做人做事方面好好注意一下。一个领导者做人做事有四重境界，如下图所示：

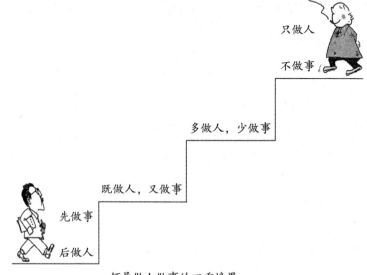

领导做人做事的四重境界

第一重境界，先做事，后做人。很多人可能会觉得奇怪，不是应该先做人，后做事吗？我不是这样理解的，一个人领导者，要想从基层领导做到最高阶段的领导者，就要先从做事开始。前期别人不把你当个人物的时候，你就先透过做事情的品格、速度、能力来见证你的人格，你在别人心目中的位置。只有先把事情做好了，才能说明一个人做事到位，才能反映这个人品格很好。同样，事情做好了，你才有资格说别人、指导别人。

先做事，后做人

大学毕业后，我一直找不到工作，正好我有一个同学在一家食品厂工作，我就想到去那个食品厂做业务员。我找到这个同学，想让他把我介绍给他们的主任。可是，同学对我说，"我不能给你介绍，如果你我出了问题，怎么办？咱俩在这里的根基都不牢，都会收到牵连，你还是想别的办法吧。"我告诉他，"那好吧。你看这样行吗？就是有一天我假装去找你，然后你告诉我哪个是你们办公室主任，我就直接跟他谈。"

就这样，我认识了这个食品厂的办公室主任。我问他贵公司有没有合适的职位可以提供给我，他说没有。我没有气馁，接着说："主任，如果你录用了我，我一定加倍努力，不会让你失望。"他说："对不起，我们不需要人。"我还是不放弃，说："主任，如果你录用了我，我一定让你觉得录用我是你最正确的决定。"可是他还是说："对不起，我们不需要人。"我仍然不放弃，继续说："主任，你们公司这么多人，哪在乎多我一个。"没想到，他还是告诉我他们不需要人。我说："主任，你一定要录用我，如果你不录用我，未来你一定会后悔。"他说："我们实在不需要人。"我说："你只要给我一个机会，我一定给你100%的回馈。"他说："那好，我们需要工人，你干吗？"我毫不犹豫地答应了。

办公室主任惊讶地瞪着我，他根本没有想到一个大学毕业生会愿意当工人，因为一般人是不会干的。不过，他再也没法拒绝我了，就这样我开始在生产车间当起了工人。我每天最早到、最晚走，是工作最卖力的一个。每次业务人员带客户到工厂参观的时候，我都配合解说产品的制作工艺。

大概过了一个月的时间，公司董事长带客户到车间参观，介绍生产线和产品，所有的工人都在那里埋头老老实实地干活，唯独我一个人以工人的身份配合董事长给客户做生产线的解说和介绍，以至客户对我特别的赞赏。

董事长临离开时问我："你叫什么名字啊？来多久了？"我说："董事长，我叫姜岚昕，我来厂一个月了。"董事长又问道："你什么文化程度啊？"我说："郑州大学毕业的。"董事长吃惊地说："啊，你是郑州大学毕业的啊！怪不得我觉得你跟别人不一样呢！那你怎么来这当工人了呢？"我说："公司目前没有合适的工作，我只好先来当工人了，同时也积累一下对公司、对行业的经验，我想未来对我做任何工作都是一个铺垫和积累。我只要把事情做好了，我相信公司一定会给我好的机会。"董事长说："知道了。"结果我当天下午就被办公室主任叫去谈话，办公室主任说："姜岚昕，老板点名要你出来做销售。恭喜你！"

第二天我就到了郑州的黄河食品城做市场调研。刚开始做销售的时候，我什么都不懂。一打客户电话，占线，我不但没有失望，反而想，幸好电话占线，不然，我怎么说呀。再打客户电话，没人接，我挺高兴，因为不是我不跟他推广，而是他没有接电话。去拜访客户的时候，也是这样。刚开始敲客户的门，他不在我就松了一口气，心想，"太好了，他不在，要在，我还有点紧张。"

我就是这样开始销售工作的，可是经过一段时间的适应，我就下定决心，不能再这样了，而是一定要成功。于是每次打电话、拜访客户，我就给自己数数。数到10，我必须递出名片、打出电话，必须敲开门，必须跟他疯狂地推荐。就是这样，经过半个月的挑战，我在食品公司的业绩开始增长。

有一天晚上，一个客户临时要货，可业务经理已经下班了，而公司规定出货必须经业务经理签字。于是，我找到仓库主管，问她怎么解决。仓库主管说模仿一下业务经理的字就可以把货发了，我说这是违规的，她说："没事的，我们经常这样干。"结果她帮我模仿经理的签字，把货发出去了。

没过两天，业务经理找到我说："姜岚昕，你知道我为什么要找你吗？"我说："经理，你为什么要找我啊？"实际上我很清楚发生了什么事。经理拿出发货单，问这是谁签的字。我知道仓库主管是从农村来城里打工的一个女孩子，这份工作对她来说非常重要，而且别人也是为了帮我，于是我就说："这是我的问题，我愿意承担责任。"最终的结果是我被开除了，而且二十几天的工资全部扣掉，并认真写了一份检查，张贴在公司的公告栏中。这就是我第一次工作的经历。

随后的一天，我骑着自行车在食品公司附近转悠，发现附近有一家规模很大的鞋业公司。我走到保安室，问他们公司是否需要销售人员。我用他们的内线电话打给了办公室的刘主任，我说："刘主任，您好！我是想来贵公司工作的姜岚昕。"刘主任说："我们没有打招聘广告啊？"我说："是啊，我是主动上门来的。刘主任，如果你给我一个机会，我一定不会让你失望的，并且让你觉得录用我是一个非常正确的决定。"刘主任说："你在哪里啊？"我说："如果你愿意见我的话，我五分钟就可以去拜访您，因为我就在你们保安室。"她说："那你过来吧！"

见到刘主任后，刘主任问："你想应聘什么工作啊？"我说："我想应聘销售人员。"刘主任又问："你有没有销售的经验啊？"我说："没有。"她又问：

"那你做过销售吗？"我还是回答道："没有。"最后她问我："你没销售的经验，你又没做过销售，那你能做好销售吗？"我说："刘主任，我说我没有销售的经验，这说明我的诚实；我没做过销售，这还是说明我的诚实，但这并代表我做不好销售是不是？"刘主任说："是，那你对工资待遇有什么要求呢？"我说："我没任何要求，我愿意免费在这里工作。"刘主任有点吃惊，说："为什么要免费工作呢？"我说："因为我相信，任何一个公司不会因为一个人提出很高的标准和要求却又不能为公司创造价值、业绩和利润，而去满足他的要求；同时我也相信，一个不向公司提出任何要求甚至愿意免费工作的人，只要能为公司创造价值、业绩和利润，公司决不会亏待他，您说是吗？"刘主任说："也是。那你明天就可以来上班了！"我五分钟应聘成功，就这样我进入这家鞋业公司开始做推销员。

所以，各位读者，我就是先做事，后做人。因为我相信，只要我把事情做好了，别人会给我做人的机会；我把事情做好了，别人就会把我定义为好人，我就能有机会进入更高的层级——先做人，后做事了。因此，在任何事情当中，我都是先把事情做好，来证明我的人格、能力和品行。

第二重境界，先做人，后做事。事情做好了，证明了你的能力以后，还要继续做好人。事情做好了，人也做到位了，下面的人才会认为你是一个出色的领导者，是一个体恤下属的人，是值得大家与你并肩作战的好领导。当你在别人心中拥有了一定的分量之后，你才能把很多的事情做好，这就到了领导做人做事的第二重境界：先做人，后做事。

第三重境界，多做人，少做事。你多多地放权，经常地培养锻炼下属，让他们也和公司一起成长。你成为好人，就有很多好人为你分担；你成为优秀的人，就会吸引更多优秀的人为你做事；你成为有爱心的人，就会感召很多有爱心的人为你分担；你成为负责任的人，就能引发下属更好地负责任；你是一个注重成果价值的人，你的下属也会觉得没有成果和价值，会有失他的尊严。慢慢地，你就会吸引更多的人来做好事情，你的企业才会做得更好和更大，达到最后一个境界。

第四重境界，只做人，不做事。当你花大把的时间做人，把人做好了以后，就会有很多人愿意为你做事。你把下属培养起来后，你只需要给他们制定好愿景和规划，设计好位置和舞台，就会有很多人跟随你、支持你，和你一起奋斗，甚至很多人觉得不为你多做点事，就会觉得内疚。这才是不累的最高境界，如果是这样，你就是最有魅力的领导者了。

> 领导心得
>
> 一流的领导者只做人，不做事；二流的领导者多做人，少做事；三流的领导者先做人，后做事；四流的领导者先做事，后做人。

在这个世界上，领导者有四类：1. 奴隶主；2. 监工；3. 大家长；4. 精神领袖。大家长似的领导者指的是那些真正为了企业这个大家庭的人，他心中想的是，我如何让我的同仁更成功，更快乐，更平安，更幸福。所以，领导者不要老是想着自我行动，而是要达到最高层级的修炼——只做人，不做事。当你真正修炼到这个境界，你就成了企业的"精神领袖"，你在与不在企业，你的精神都会驱动着团队去工作，去前进。

一个一流的领导者，是只管人不管事的。如果事必躬亲，下属出现问题就找领导，这个下属就没法成长，而这个领导者本身也就变成了"救火队长"！

毛泽东主席作为中国的开国领袖，曾说过自己只抓两件事：一是出主意，一是用干部。其实这也可以用于企业的领导者身上，为什么？因为一个企业的领导者也只有两件事要做，一是拿主意，一是用好人。

管理的真谛在于只做人，不做事，让大家能够创造他们心中企盼的辉煌。简而言之，领导并非那个举旗冲锋的人，优秀的领导总是排除障碍，鼓舞士气，让他人得以把胜利的红旗插上顶峰。

自检

（1）在四重境界中，你现在处在第几重境界？你如何拔高自己的领导境界，从而造福更多的生命？

_____

_____

_____

（2）如何修炼到"只做人，不做事"的境界？你有什么系列的计划来支撑你真正达到这种境界？

_____

_____

_____

总裁教练姜岚昕老师认为：

行动力≠执行力。领导者自身的行动力与团队总体的执行力成反比。领导者个人行动力越强，团队的执行力就越差；领导者个人的行动力越快，团队的执行力就越慢。领导者的最高境界：只做人，不做事。最起码达到多做人，少做事，把人做好了，让下属觉得为你做事是快乐、享受、拥有与报恩，不为你做事便感觉痛苦、压抑、内疚。

请写下您的阅读感悟和即将践行的计划

第六章　缺乏成长和顾问

思考 为什么自己付出了很多，而得到的却很少？为什么管理总是软弱无力，而团队总是无精打采？

除了上述已经讲过的几个领导为什么累的原因，各位读者，请你们再仔细想想，还有什么原因导致自己如此累？这里还有一个不能忽视的原因，也就是领导为什么累的第六个原因——缺乏成长，或者叫做缺乏顾问。

缺乏顾问为什么会导致管理者累？是因为在日常工作中，你不可能知道所有事情，也不可能解决所有的问题，而当你遇到问题的时候，又没有人指导你，也没有合适的人协助你，所以你只能硬着头皮上，事事亲力亲为，累不说，还让自己身心疲惫。

其实，这个世界上，所有的问题都有解决方案，而这些解决方案一定是有人知道的。所以，如果你能够向他学习，或者你能够请他为你做顾问，你不仅可以避免走弯路，用最快的速度得到你想要的结果，而且自己还不累。

◆ 找专业的人为你做事

为什么累，就是因为没有人指导你，没有人协助你。很多事情你不懂，又不愿意找专业的人帮忙，于是只能白忙。其实，很多事情，找专业的人帮忙会起到事半功倍的效果。

比如某个公司要做一个品牌的核心价值，有可能这个公司的管理者做了五年都做不出来，可是找专业的公司，也许不到一天就能做得很好；又比如一个公司做了十年都不知道怎么定位，遇到我，可能一天就能找到这个公司定位的关键方向；比如一个人想练习演讲，练了一两年都找不到演讲的窍门，经人指导一下，他说不定几个小时就能找到演讲的核心。对于我来说也是一样，如果有专业的人帮我，世华事业的发展将会更快。

经典案例

找专业的人为你做事

我曾经请杭州的一个企业家朋友喝茶，他是个有着二十年丰富财务经验的注册会计师，在会计师事务所工作过十年，又在企业做了十年的总会计师，所以我就向他请教一些财务方面的问题。

我跟他聊了一个多小时，真是受益匪浅。临分手的时候，我专门交代杭州公司的总经理，我说，"你准备10万元的课程券送给我这位朋友。"当时他就说："姜老师，10万元是不是太多？现在他很乐意跟你见面交流和互动。"我说："他跟我的见面跟其他企业家跟我的见面不一样。其他企业家是从我这里获取智慧，而今天我是从他那里获取智慧。"他还是有点想不通，说："那10万元的课程是不是送的有点多？"我笑笑说："一点都不多。对于他来说，和我这一个多小时的交流可能只是举手之劳，而对于我们来说，如果有些事情做错了，我们永远没有第二次修正的机会，或者即使修正了，可能也要延误两年、三年，而这个代价可能就是几百上千万元，甚至上亿元！"

之后，这个朋友不仅来上了我的课程，与我的关系也更近了一步，也为我提供了更多财务方面的建议，成为让我们非常受益的财务管理顾问。

找专业的人为我做事，让我省了很多不必要的麻烦，我相信各位读者一定会有共鸣。一个人的能力是有限的，不可能事事都知道，而找专业的人为你做事，不仅能帮你把问题解决，为你的企业带来更大的业绩，让你未来有更大的成就，而且还能让你少走很多的弯路，持续地把企业做好，何乐而不为呢？

领导心得

找最专业的人做你需要的事，你会省事不误事，而且成大事。

有些东西，做错了是没有机会再回头重做的。想想看，是不是这样？也许你的财务顾问、法律顾问给你一点点建议，就可以帮你省很多的钱，而且还是在法律和政策许可的范围内。同样的道理，如果你的公司准备上市，你千万不要等到所有条件都具备了才去申请上市，而是从现在开始就按上市公司的条件，请财务顾问和法律顾问帮你做，否则的话，你可能就要晚上三年五年才能上市，因为在这个过程中，你的财务、法律手续很有可能不过关。那如何才能让专业的人为你做事呢？

经典
案例

有一个很普遍的真理，就是作用力与反作用力。当你敲击桌面的时候，桌面也同样反作用于你；你送别人一个苹果，别人也会报答你。所以，要想让别人为你做事，首先就得成为一个仁爱之人。

我的好朋友和总就是这样一个仁爱之人。他以前是大学教授，退休之后，想要再次发挥自己的能量。于是，已经60多岁的他，回到西安老家，运用自己建筑设计的专业知识，重新开始创业。

全新的市场，一切都要从头开始。然而，短短几年时间，和总就占领了西北地区大部分的市场。在他的领导下，公司的年营业额也逐年攀升。

为什么和总在将近古稀之年，还能取得如此成绩？建筑设计工作需要各方面的专业人才，光靠他自己一个人的力量，公司是不可能发展壮大的，而如果找专业的人协助自己，就会起到事半功倍的效果。因此，在公司人力资源方面，和总不惜重金聘请各种专业人才。他自己更是放下大学教授的身份，虚心地在全国各地参加学习，充实自己，让自己在管理企业的过程中更加专业。当和总走进世华"总裁执行风暴"课程后，我和他一见如故。从他身上，我感受到了一种"活到老，学到老"的精神。

设计工作非常消耗脑力，为此，和总努力给同仁设置一个轻松温馨的办公环境，对同仁也是怀着一颗仁爱之心，关怀他们、指点他们、提携他们。为了让同仁愉快、积极向上地工作，他鼓励每个同仁出谋划策。在公司的每一个办公室里，除了青翠欲滴的绿植，还有各种休闲设施。每月还会组织同仁进行各种体育比赛，外出游玩；逢年过节遇到同仁生日时，和总还会给他们发放礼品和感谢信，感谢他们为公司所作出的贡献。

这种轻松的办公环境，不仅让客户感受到了他们在建筑设计方面的独特创意，更让每一个公司的同仁都品尝到了快乐工作的"美酒"。

用一颗仁爱之心对待别人，别人也会回馈给你更多。其实，我们每个人都有一颗仁爱之心，比如，对于家人尤其是孩子，我们都有着浓浓的爱心，把这种爱心扩展开来，施于亲戚、朋友和同事们，你就是一个有爱心的人。这种爱心也会通过你的眼神、语调和动作等表现出来，于是你就赢得了众人的心，于是很多人会乐于为你付出，包括比你强的人。

真正的聪明就要爱惜周边的每一个人。孔子说："惠则足以使人"(《论语·阳货》)。厚以待人，别人就会为你卖力。一个人在生活中处处施惠于他人，说明他有一颗爱心。人们受惠于你，就会感受到你的爱心，就会卖力地为你做事，无论是亲朋还是很有能力的人。俞敏洪在美国的同学帮助他经营新东方的理由是：大学时期俞敏洪总给大家打水喝，因此同学们认为俞敏洪不会辜负大家。这么多人愿意帮助我，也是因为我总是心怀一颗爱人的心。

自检

（1）自我的成长和团队的成长有什么必然的关系？随着自我的成长，能给团队带来什么样的变化？自我成长的关键是什么？

（2）管理者如何借力团队而达成成果？领导者如何演绎智慧的力量？领导者如何组合整体资源，聚合力量创造奇迹？

◆ 名字对企业的重要性

　　企业的命名是创立品牌的第一步，而且名字本身就是品牌的广告，因此好的名字具有很好的销售力度和推广意义。可以说，企业拥有一个好名字，产品获得一个好品牌，是世界公认的"无形"资产。俗话说得好：名利，名利，有名才有利。名在前，利在后，先有名，后有利，有好名，才会有好利，这是很容易理解的。可见，具有高度概括力和强烈吸引力的企业名称，对大众的视觉刺激和心理等各方面都会产生很大影响。一个设计独特，易读易记，并富有艺术和形象性的企业名称，能迅速抓住大众的视觉，诱发其浓厚的兴趣和丰富的想象，能使之留下深刻的印象。企业名称对树立企业良好形象有着重大影响。

　　然而，很多企业的创始人在为自己的企业取名字的时候，只凭自己的感觉取名字，没有考虑到会不会对企业有影响，这是非常错误的。

　　我帮助很多人和公司都改过名字。我发现很多企业的名字，一看就是很难成功的，为什么？比如说，你是卖汽车的，你公司的名字叫"蜗牛"，每天在央视黄金时间播放，别人会不会买你的汽车？记得有一次在广州，很多企业家请我吃饭，给我递名片。我注意到其中有一个企业家的名片上有一个字，我不敢准确地念出来。所以，从那个时候，我就下了一个结论：这个企业，不管它是成功，还是失败，有一点是肯定的，它很难成为知名企业。为什么？因为很少有人会认识那张名片上的名字。没有哪一个人会说，"哇，这个公司的名字，我一定要查字典，把这个字念准，并且告诉更多的人怎么念。不过如果你打出广告，谁认识这个字，就悬赏一百万，肯定有这个可能！

既然名字这么重要，那如何来命名呢？首先，我们就要认识到命名的误区，做到有的放矢，避免再犯这样的错误。一般来说，这些误区主要表现在以下几个方面：

第一，贪图方便，自己或随便请人起个名，感觉尚可便罢；

第二，刻意追求字面意义，或图吉祥发达，或称"王"称"霸"；

第三，片面讲究好听、易记，甚至为此不惜求奇求怪；

第四，单纯立足目前产品，定位过窄，没有为产品拓展甚至跨行业经营预留足够的空间。

这些缺乏深入思考的做法，往往会给品牌的发展造成"先天不足"的后遗症。起名字要有方法，要有技巧。比如"世华——为世界华人的富强努力和服务，使华人企业成为世界经济的脊梁"，我一开始就想到了未来。不管世华智业集团发展有多大，后代子孙都会觉得这个创办者是有眼光、思维和格局的，这是很重要的部分。所以对于企业的名字，我个人有几点建议。

第一，易记且不要用个人的名字。不好记的名字再好，跟你行业再相关，再好推广，别人记不住也是没有用的。同时，中国人的习惯是不崇尚"个人主义"的。

第二，突出对顾客的好处和价值。这个名字最好能体现出产品的价值和对顾客的好处，让客户或者消费者能够一目了然。

第三，行业相关性。一个符合行业特点的品牌才是一个成功的品牌，在合乎企业发展规划的前提下，赋予品牌名称以一定的行业个性，有利于品牌的塑造与推广。

第四，最好能与企业的发展战略相联系。在合乎企业发展规划的前提下，赋予品牌名称以一定的行业个性，有利于品牌的塑造与推广。

第五，提炼一句口号。这个口号应该是独特的，能在顾客心目当中形成独一无二的形象，让顾客在购买同类产品的时候，第一个想到的就是你。

第六，创办人非常喜欢。如果这个名字你自己都不喜欢，你还能期待有更多人喜欢吗？

有了以上几点，你对企业品牌的命名是不是已经有了一个新的认识。在我课程的现场，很多学员都让我帮他们改名字或者帮他们的企业改名字。

经典
案例

尽享 300 份美味

新疆有一家自助餐厅，叫金钱豹，也是我的客户，他们的自助餐收费标准是每个人 298 元。刚开始我也感觉有点贵，后来我了解到这家自助餐厅总共有 300 份菜，只需要 298 元，随便吃，我反倒觉得不贵了。

与他们的交流过程中，我看到他们的经营不是特别理想，觉得有责任帮助他们。于是让新疆世华公司的总经理告诉他们，让他们在所有显眼的位置和所有宣传的地方都统一一句话，叫做"只需一份投入，尽享 300 份美味。"不仅如此，还要在所有的自助餐旁边注明市场价每份多少钱，然后本店298 全包。

我告诉他们，只要这样大量重复地，持续地推广，他们的顾客也会跟别人讲，"只需 1 份投入，就能尽享 300 份美味。"通过这样的调整，该餐厅的业绩获得了很大的增长。

当然，我帮忙改过名字的企业还有很多，例如我把一个做家私的学员的企业名字由"实发家私"改成"用发家私"，然后广告语是"一用就发"，因为"实发家私"比较普通，而"用发家私，一用就发"符合中国人图吉利的思想；还有一个恒友家具，我给他们列的广告语是"恒至万家 友爱天下"；上海克拉伦斯自然养生会所，它主要是调理人的内在生理机能，从而焕发最好的精神状态，我赋予它的广告语是"精于精神"；无锡延寿堂药膳馆，我创意的广告语"延寿堂——让我寿够了"；"通天下"电讯，广告语是"通天下，天下通"，表示一路通，路路通；还有一个与汾酒集团合作的客户，叫百家老根，他们经常在各个卫视做的广告是"百家老根，为你添福根"，我给改成"百家老根，杯杯添福根"，敬酒的时候，说上一句"来，再来一杯，杯杯添福根；再来一杯，杯杯添福根"，别人还好意思拒绝吗？不好意思拒绝，销量不就上来了吗？

通过这些调整，不难发现，不管是名字，还是广告语，抑或是核心价值，都能更好地切合这些企业的产品，还能让消费者更容易记住他们。

还有很多我帮忙改过名字和广告语的企业，我就不一一说了。总之广告语是一个品牌名字的延伸，而名字又是广告语的浓缩，最好要前后呼应，互相验证，这样更能加深顾客的记忆，产生很好的品牌传播力，而且记忆力能够转化为市场的生产力。

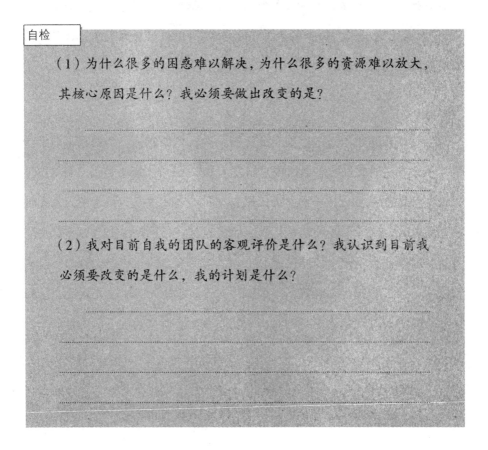

自检

（1）为什么很多的困惑难以解决，为什么很多的资源难以放大，其核心原因是什么？我必须要做出改变的是？

（2）我对目前自我的团队的客观评价是什么？我认识到目前我必须要改变的是什么，我的计划是什么？

总裁教练姜岚昕老师认为：

找最专业的人帮你做事，你会省事不误事，而且成大事。没有人可以不予成长就能成功，没有人可以厉害到对思虑的事情周全到无可挑剔。成长让我们精进，顾问让我们周密；精进让我们接近智慧，周密让我们远离失误。

请写下您的阅读感悟和即将践行的计划

第七章　太过完美

思考　为什么我们要求的那么完美，而最终结果却是零？我们对团队要求的那么多，而真正做出的结果却那么少？

大凡优秀的企业家之所以能够成功，是因为他们的性格中都有完美的一面，凡事都要求做到极致。正是因为这份完美，让他们对团队要求更多，能让团队创造出更多的结果；然而，从另一方面讲，也正是因为领导的这份完美，很多的事情他们更愿意自己做，而没有给下属更多的机会，不仅让团队缺乏锻炼成长的机会，更让自己变得越来越累。所以，太过完美是领导为什么累的第七个原因。

◆ 速度比完美更重要

领导的快乐与痛苦都是来自于思维和焦点。当你的焦点是在追求完美上面时，一旦下属对这件事情不能做到100分，你就不愿意让他做。

结果，自己累的要死，下属事事不能当家，事事要请示报告。下属烦死，领导累死。

另外，焦点的最大力量是让注意力跟着焦点走。而管理者如果诸事要求绝对完美，反而会把自己的焦点分散。因为你的注意力已经放在如何把每一个环节都做得完美上面，对每一个环节都非常重视，这时你的注意力不是聚焦，而是分散到每一个环节上了。注意力一分散，精力就会分散，那么，投入到每一个焦点的力量就会分散，最终也就达不到自己想要结果。

完美能让我们把很多事情做到极致，但也因为完美让我们放弃了很多本该可以做好的事情。我有一个好朋友张总，是一家投资担保公司的董事长，在他身上有着过于完美的一面。在很多事情上，他对自己都是高标准严要求，甚至是以对自己苛刻、残酷来要求。如果不是这样，他也不可能有今天的成绩。

然而，正是因为太过完美，张总对公司的同仁也是高标准严要求。实际上，就因为他的这份完美，扼杀了很多优秀的替身和英雄。而由于自我的标准太高，找不到可以替代的人选，很多事情他都是亲力亲为。虽然他自己做成功了很多的事情，但也阻碍了公司更快的发展。有一次，因为太累，他连着打了三次点滴。

当张总参加完世华在北京的"总裁执行风暴"课程之后，他意识到成果比完美更重要，如果自己再这样下去的话，不仅自己会越来越累，而且公司的发展还会受到桎梏。于是，他当即决定在世华投资110万的学习经费，让团队和他一起成长。

回到公司后，张总的焦点不再放在细节的完美之上，而是把焦点放在事情的结果上。当下属再犯错的时候，他不再像以前那样心急发火，而是鼓励下属，让下属更多地参与到培训和学习当中，提升自己。当下属不断成长起来的时候，张总也感到自己越来越轻松。

焦点转移只是一方面，另一方面他又找了最得力的总经理人选，并开始全面引进和培养接班人。他现在的团队是一批来自银行、担保、投资、证券、IT、财务、审计、法律、新闻等诸多领域中具有中高级职称的专业技术和管理人才。

现在，张总与我分享，受到我系列总裁班课程的启发，他现在只做三件事：定好战略、用好高管，分好权钱。他说他现在已经感觉到无官、无权，一身轻，他正在享受这种被解放的成就感。祈愿更多企业家能像张总一样越走越好。

太过完美只会扼杀无数的英雄和优秀的替身。我想对于这一点，各位读者和企业家一定和张总有同样的共鸣。因此，要想走出自己累的怪圈，做到执行有力，领导者的脑海中就必须有这样的概念——成果第一、完美第二。在朝目标前进的过程中，最重要的是我们要拿到的成果。过于追求完美的结果往往是0<0.1，而成果第一的结果是，多个"0.1"的积累就会

实现"1"的突破；反之，如果你总是追求完美的结果，你得到的多半只是一个完美的借口或理由。简单说，过分追求"1"的结果往往是"0"，成果比完美更重要。

一般来说，完美性格的人，执行力都比较差。因此，完美型性格的人适合做检查人，不适合做执行人。因为一个完美性格的人，太过于细节上的追求。如果你是一个完美性格的领导者，取得成果的最好办法，就是授权下去，你来当检查人。

因此，你要让自己和下属明白：一旦开始执行，速度是第一位的，完美是第二位的。这就好比战场上兵刃相见，商场上斗智斗勇，谁先出手，就可能决定胜负。

哲理
感悟

速度比完美更重要

宋朝，一位父亲和他的儿子出征作战，当时父亲已经是个大将军，儿子只不过是一个马前卒而已。父亲每次在战场上冲锋陷阵都是英勇无比，但儿子总是手忙脚乱，一会拿着矛，一会拿着刀，大敌当前，号角都吹响了，儿子还在想这次上阵该拿什么兵器杀敌更好些！

一次临战前，父亲嘱咐儿子说："我知道你每次都想拿件完美无缺的兵器上阵，今天我就把家里祖传的宝刀长矛给你，你可以把它们佩戴在身边，不过不到万不得已不能使用！"

那口宝刀装在一副极其精美的刀鞘里，刀鞘边上还镶着幽幽泛光的宝石，刀把上还有精雕细刻的花纹；长矛也是锋利无比。儿子一眼便认定这是家传的宝刀，于是喜上眉梢，耳旁仿佛战鼓声声，联想着手起刀落，敌方的主帅应声落马而毙，他的心里就充满了力量和勇气。

上阵后，配带精美兵器的儿子如脱胎换骨一般，英勇非凡，所向披靡。这次敌方如遇大将，败势不可当，于是鸣金收兵。儿子禁不住得胜的豪气，忘了父亲的叮嘱，于是快马加鞭，挺起长枪，拔出刀呼呼追杀敌人，大胜而归。

杀敌得胜的儿子回到营地，一看手中的宝刀早已因为奋力拼杀的缘故而有缺口，长枪也有了豁口，心想这些兵器也不过是普通的兵器而已，为何这次上阵的效果却如此不一般？看到儿子迷惑不解的表情，父亲道出了真相："你父亲为何杀敌英勇，被人尊为将军，因为我上阵前从来不追求尽善尽美的兵器和装备，要知道冲锋杀敌，兵贵神速，有了勇气和速度，即使是普通的兵器也能发挥奇特的神效！"

战场上的速度，该出手时就出手，否则就可能败在敌人手下。这位父亲的话也印证了速度比完美更重要。战场上兵刃相见，商场上斗智斗勇，谁先出手，就可能决定胜负；同样，谁先认识到这一点，谁就能更快地从繁忙的工作中解放出来，从而让企业获得重生。所以这时候，我们要懂得放弃一些理想化的完美的东西，让自己赶快行动起来，这样我们就获得了速度，赢得了胜利的时间。

自检

（1）自己是不是一个完美主义的管理者？因为自己心中的完美，你是不是迟迟没有采取行动，甚至直接放弃？因为这种性格特征，你损失了多少？你要做出什么样的改变？

_____

_____

_____

（2）很多的时候，因为我们太过完美，错过了多少培养人才的有效时机，扼杀了多少团队强大提升的机会？我必须要改变的计划是什么？

_____

_____

_____

◆ 丢脸和赏脸

想想看，对于公司的中层管理者，你应该怎么定位他们的角色？在我看来，公司的中层领导应该是高层领导的替身。只有你的公司有更多的替身，你才能上演更多的好戏；只有有更多的替身，你才能把企业经营得更好。如果你没有替身，你的企业永远也无法扩展和强大。所以，思考一下，我们为什么那么累？就是因为那些优秀的替身和英雄，被我们的完美扼杀，到最后我们只有自己亲自上阵，然后越来越累。

经典案例

我以前有一个同仁，是上海世华公司的执行总经理。他大学毕业不久，就来到上海世华工作了。刚开始我让他上台给我做主持，他非常胆怯，不敢上台。我就跟他讲："你上，没有问题的。"他摇摇头说："姜老师，我怕。"我问他："你怕什么？这是上演讲台，又不是上断头台！你就记住一句话，用热烈掌声邀请姜老师上台演讲。你能把这句话说出来就是成功，能说出第二句话就更成功，能说出第三句话就特别成功，如果你能说出更多话，你就突破了自己。"然后，他点点头说："姜老师，我上了。"一转身，就上台了。

主持结束之后，我看见他满面笑容地下台了。当我下课的时候，他跑到我面前，问我："姜老师，我主持得怎么样？"我笑着对他说："我先问你一个问题，请问你还活着吗？"他莫名奇妙地说："姜老师，我还活着呢！""继续练下去，你会越活越好。"

经过一年半时间的磨练，他不仅主持得越来越好，演讲水平也突飞猛进，并且开始到各个企业做内训。刚开始的时候，别人喊他老师，他还不习惯。现在他的课程越来越精彩，别人不喊他老师，他都有点不习惯。

所以，各位读者，在公司当中，不是所有的事情你都要做的，你可以让人制定一个培训计划，让老同仁带新同仁，让专业的人带不专业的人。在世华智业集团，就是这样，每个同仁一进公司就要根据自己的能力接受各种培训，包括演讲、主持等方面。培训过程中，经常会有提问；每培训一段时间，同仁就要分享自己的心得和不足。

在这个过程中，可能有人会说，姜老师，我不会讲课啊！这没有关系的，所有的会都是从不会开始的。刚开始你可以把要讲的内容写在纸上，然后站在讲台上一条一条地念，这时你可能还会脸红、紧张、恐惧、不习惯，但是只要你坚持下来，慢慢地你就习惯了，慢慢地你不用看稿纸也能有条不紊，侃侃而谈。

经典
案例

记得有一次，我给西安世华公司的总经理打电话，那时已经是晚上 11 点多了，一个叫戴德强的同仁接的电话。

我："德强呀，这么晚了，你怎么还没有离开办公室呀？"

戴德强："姜老师，公司要求我明天主持晨会，给同仁进行演讲。明天是我第一次主持晨会，所以我有点紧张。"

我想，如果不是明天要讲课，别说他坐在这里，可能9点人影就看不到了。而正是因为明天的讲课，他不仅加倍地工作和付出，而且还在不断地练习。所以，这时我需要做的，就是培养他的信心，于是我就对他说："德强，你准备得越充分，你就发挥得越好。你看这样好不好，我现在每讲一句话，你就在电话中跟我大喊一声'yes'，激发你演说的信心，可以吗？"

你不会尝试，永远不知道自己有多棒

戴德强："没有问题。"

我："每个人都有演说的潜质，你也不例外！"

戴德强："yes！"

我："你准备得越充分，你将发挥得越好！"

戴德强："yes！"

我："当你演讲时，你的生命在增值，因为你在帮助别人！"

戴德强："yes！"

我："你伟大的思想再也不沉默了，你说话的价值放大十倍和百倍！"

戴德强："yes！"

我："你要拿出男人的勇气站起来，说出去！"

戴德强："yes！"

我："你的演讲可以为失败者带来希望，立即行动，改变人生！"

戴德强："yes！"

我："你现在有什么感觉？"

戴德强："姜老师，我太激动了，我恨不得立刻登台演讲，我兴奋极了！"

我："给你热烈的掌声鼓励！

透过这样的培养，世华智业集团很多的经理、主管都学会了讲课。我们又通过晨会、晚会、竞选管理者等各种各样的方式影响和培养同仁，使其成为一个非常有能力的人。如果你也这样做，你会发现，公司的可用之才会越来越多了。

所以，各位企业家，一定要记住，人往往是被要求出来的，是被逼出来的。也许他现在没有你做的好，但并不代表他永远做不好。你逼他一下，他就可能做得比你还好。我觉得现在很多同仁之所以没有改变，就是因为领导给的机会太少，阻碍和压抑了同仁改变的力度与速度。然而，一个人要想成为真正一流的人，必须得有亲身的体验，即使他经历失败，那也是我们对他的投资。

领导心得

人生最深刻的成长，来自亲身体验。

人生最难忘、最深刻的，而且最能够转化成生命中一部分的，就是亲身体验的事情。因此，你不能什么事情都因为自己的完美而否定了他，你必须让下属亲身体验一把。就像我们前面说的一样，你自己做事可以得100分，交给下属做可能只有80分，但是你不让他做，他永远就是0分。现实情况却是：80＞0！

当我意识到这一点的时候，我发现就因为我不再追求完美，公司能够主持和演讲的人越来越多。因为我觉得他讲的是好是坏并不重要，最重要的是他敢站起来讲。敢站起来讲，就已经是迈出了第一步；同样的，同仁敢做事，已经为你获得解放奠定了基础。你要让他们知道，不要害怕做不好，不要担心丢脸，丢脸是成功必经的道路。

领导心得

人生有丢脸和赏脸，脸丢尽了，剩下的就是赏脸。

如果你愿意让团队先丢些脸，未来企业才会有更多的机会得到别人的赏脸了。所以，如果你有下属愿意顶上来做你的替身，真的有意愿想好好为你分担的话，你就应该给他机会，因为那不叫丢脸，那叫勇气可嘉，那叫敢于挑战自己，更叫主动承担责任。这样的话，我相信你不仅不累，而且企业能够重生。

自检

（1）人总会因为恐惧而主动地放弃本有的可能，你是否处于这种管理者的类型？你是引发团队不断地做得更好，还是为了做得更好不断地终止很多计划？你从中看到了自己需要提升的是什么？

（2）越来越多的人因为完美，做到的结果却越来越少，速度与完美哪个更重要？在你人生的现阶段，你对完美是如何诠释的？怎么做不因为完美主义，而阻碍了更多可能？

总裁教练姜岚昕老师认为:

　　领导者太过完美只会扼杀无数优秀的替身和接班人。因为自己的完美而否定了下属的无限潜力，同时也让自己后继无人，致使企业逐渐陷入危险的境地。其实，我们有时因为下属不能拿到满分而未为其提供施展的空间，致使下属最终的得分却是 0。

请写下您的阅读感悟和即将践行的计划

第八章　到处是重点

思考　为什么觉得重点越多，结果越不理想？为什么要做得事情
总觉得很多，而实际的成效少得可怜？

　　管理者每天都会面对许多工作，它们有的互相牵连，有的互不相关；有的很重要，有的不太重要；有的急需处理，有的不太紧急，但哪一件事情都不能不做好。如何统筹安排好这些工作，是每一个管理者不得不面临的问题。

　　然而，我听见不少企业家学员跟我说，他这几天有十几个重点的工作要处理。各位读者，你说他有没有重点？答案当然是否定的。当一个企业家认为他有十几个重要的事情要干，那这十几个事情，他可能都做不好，因为他根本不在状态，分不清什么是真正的重点。不仅如此，他还会把自己陷入到各种琐事当中。所以，领导者为什么累的第八个原因，就是到处是重点。什么都是他的重点，他什么都觉得要做，最后他不仅什么也没有做好，也累得一塌糊涂。

◆ 重点，只有一个

很多人都有这样的经历：我们正在全神贯注地做一件事情，突然电话铃响了、有人请求协助、下属需要我们帮助解决问题、公司突然又有新的安排……于是我们不得不被迫中断进行中的工作。这样来回折腾几个回合，很可能连一件事情都没完成，甚至还会因为不断地被打扰而忘了刚才手头正在做的事，刚刚理清的思路也因此不能再继续深入下去。

思考最大的敌人就是混乱。因此，我们不能将精力分散在太多的事情上，那样只会降低我们工作的效率而徒增烦恼。因为脑里太多讯息会导致阻碍思考，就像电脑塞满了处理命令，会导致运行缓慢甚至死机。要想处理好这种频繁出现的干扰，从千头万绪的琐事中解放出来，该如何去做呢？我觉得无论再多的事情，都应该先从解决最紧迫、最重要的事情开始，把这个事情解决了以后，再来一个一个地解决其他事。如果你一开始就全抓的话，反而解决不好。记住，重点只有一个！

这就好比 20/80 法则一样，"20/80 法则"主要表现在四个方面：一是"20/80 管理法则"，领导主要抓好 20％的骨干力量的管理，再以 20％的少数带动 80％的多数同仁，以提高企业效率；二是"20/80 决策法则"，领导必须抓住企业普遍问题中的最关键性的问题进行决策，以达到纲举目张的效应；三是"20/80 融资法则"，领导者要将有限的资金投入到经营的重点项目，以此不断优化资金投向，提高资金使用效率；四是"20/80 营销法则"，即领导者要抓住 20％的重点商品与重点用户，渗透营销，牵一发而动全身。

因此，领导的工作重点是抓这 20%，一旦解决了这 20% 的问题，企业

80% 的问题大致也就解决了。所以，你阅读这本书，并不是代表你自己，而是代表的那 20%。学好了，回去这么做，也就轻松了很多。这样做就不是简单相加的效果，而是相乘的效果。下面这个故事，就能很好地说明这个问题。

价值不菲的白纸伯利恒钢铁公司总裁查理斯·舒瓦普曾经为了提高公司业绩而求助于效率专家艾维利。艾维利告诉舒瓦普能够帮助他把钢铁公司管理得更好。舒瓦普则表示他自己懂得如何管理，但事实上公司业绩不尽如人意，他需要的不是更多的知识，而是更多的行动。他告诉艾维利："应该做什么，我自己是非常清楚的。如果你能告诉我们如何更好地执行这些计划，我可以听你的，在合理范围之内价钱由你来决定。"

艾维利说可以在 10 分钟内给舒瓦普一样东西，这东西能把他公司的业绩提高至少 50%。然后他递给舒瓦普一张空白纸说："在这张纸上写下你明天要做的 6 件最重要的事。"接着又说："现在用数字标明每件事情对于你和公司的重要性次序。"这花费了大约 5 分钟。艾维利接着说："现在把这张纸放进口袋。明天早上第一件事就是把这个纸条拿出来，处理第一项。不要看其他的，只看第一项。着手办第一件事，直至完成为止。然后用同样方法对待第二项、第三项……直到你下班为止。如果你只做完五件事，那不要紧。因为你总是做着最重要的事情。"

艾维利又说："每天都要这样做。当你对这种方法的价值深信不疑之后，叫你公司的人也这样做。这个试验你爱做多久就做多久，然后给我寄支票来，你认为值多少就给我多少。"

整个会见历时不到半小时。几个月之后，舒瓦普给艾维利寄去一张 2.5 万美元的支票，还有一封信。信上说，从钱的观点看，那半小时是他一生中最有价值的一课。后来有人说，5 年之后，这个当年不为人知的小钢铁厂一跃而成为世界上最大的独立钢铁厂，艾维利提出的方法功不可没。这个方法为舒瓦普赚了一亿美元。

管理大师德鲁克曾在《哈佛商业评论》上发表文章，说："我还没有碰到过哪位经理人可以同时处理两个以上的工作，并且仍然保持高效。"因此，在现实工作中，我们有必要记住：重点，只有一个。这将帮助我们把时间首先运用在最重要、最能产生效益的工作上。

当你什么都想做，那大多数的结果是什么都做不好。与其这样，还不如干脆只做一件事，把这件事情做好以后，然后再做另外的事情。当习惯成自然，你的生命自然会出现另一外一种景色。

体现重点的最简单的做法，就是每段时间只定一个重点，一切围绕重点做。也许有人会反对，事情都是相互关联的程序上，那先从解决最紧迫、最重要的事情开始，把这个事情解决了以后，再一个一个地解决其他事，会顺利得多。如果你一开始就全抓的话，反而解决不好。这就是聚焦，一段时间只做一个重点，而为了这件事，其他的事都可以放弃，无论放弃的东西在外人看来多么有价值。

自检

（1）回首自己过往的管理经历，你有没有明确我的重点是什么？有没有在明确重点后，调集所有的内外部资源为重点去服务？下一步我该怎么做能有更好的变化？

....

....

....

（2）管理者的重点应该是什么？我当前的重中之重是什么？我如何将重中之重做到最好，并转化成公司实际的收益？

....

....

....

....

◆ 把精力放在真正重要的事情上

我身边有不少这样的企业家朋友：办公桌上列了很多必须完成的工作，而且都是重点工作。整日奔忙不说，效果却并不太好，事情越办越多，甚至越办越糟。还有一些企业家朋友：他们事必躬亲，冲锋在前，享受在后，"晴天一身汗，雨天一身泥"。处处都能看到他们忙碌的身影，他们已经百事缠身，成为救火队员，陷入到繁杂的工作当中去了。可最终的结果还是按倒葫芦浮起瓢，或是丢了西瓜捡芝麻，事情没做好，还苦不堪言……

如果用打排球来形容，外国企业一传、二传由专业经理人、机构完成，老板只管扣球；中国老板一传是自己，二传也是自己，扣球还是自己，什么都要自己搞定，从鸡叫忙到鬼叫。所以，我想告诉各位读者一句话：凡事都是重要的，反而都不重要了，这样做的结果只能让自己每天都有忙不完的事。无论怎么忙都还有很多的事情等你去解决，时间永远不够用，总会有一件又一件的事情等着你。

领导心得

在平时授权的时候，在平时安排工作的时候，领导者一定要懂得舍弃。因为只有选择，才能让价值最大化。

所以，身为管理者一定要记住：同一时间内只做最重要的事情，把最重要的事情完成了，往往就成功了一半。就像一张白纸，要想在太阳底下自动燃烧，就要用放大镜来聚焦。因此，要想自己不累，就要学会把精力聚焦在真正重要的事情上，学会处理事情的优先次序，把不重要的事情裁剪掉，做重要而不紧迫的事情，比如公司长期的规划、问题的发掘与预防，等等。这样才会减少把重要的事情变得紧急的情况，最后急急忙忙处理，不仅处理的不够理想，还把自己弄得身心俱疲。

艾森豪威尔是个戎马半生，战功卓著的美国总统。他曾获得很多个第一：美军共授予 10 名五星上将，他晋升得"第一快"；他出身"第一穷"；他是美军统率最大战役行动的第一人；他是第一个担任北大西洋公约组织的盟军最高统帅；他是美军退役高级将

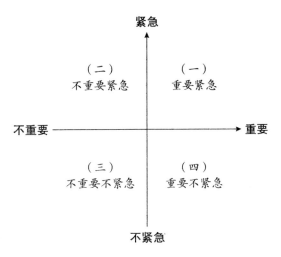

领中担任哥伦比亚大学校长的第一人；他是美国惟一的一个当上总统的五星上将。他之所以这么成功，与他的十字时间计划是分不开的。这个十字时间计划如下图：

每天艾森豪威尔都把自己要做的事都放进去，然后快速决定哪些事情该优先处理。确定优先的标准是紧急性和重要性，根据这两个标准他把工作划分为重要紧急、重要不紧急、不重要紧急、不重要不紧急四个区域。艾森豪威尔做得最多就是把时间放在重要不紧急的区域。为此，他将工作区分

为五类：

A：必须做的事情；

B：应该做的事情；

C：量力而为的事情；

D：可以委托别人去做的事情；

E：应该删除的工作。

每天，把要做的事情写在纸上，按以上五类归类：

A：需要做；

B：表示应该做；

C：表示做了也不会错；

D：可以授权别人去做；

E：可以省略不做的工作。

在大部分的时间里，艾森豪威尔做的都是 A 类和 B 类的事情。即使一天不能完成所有的事情，他做的也是最值得做的事情！这样一来，艾森豪威尔的工作生活效率大大提高。

在此，我们也可以把艾森豪威尔的十字时间计划用在日常的工作当中，把日常工作中的事情分成四个象限，既紧急又重要（如客户投诉、即将到期的任务、财务危机等）、重要但不紧急（如建立人际关系、人员培训、制订防范措施、企业文化的传承等）、紧急但不重要（如电话铃声、不速之客、部门会议等）、既不紧急也不重要（如上网、闲谈、邮件、写博客等）。

那么，按事情处理的顺序可划分为：先是既紧急又重要的，接着是重要但不紧急的，再到紧急但不重要的，最后才是既不紧急也不重要的。

然而，优秀的管理者往往将时间放在重要不紧急的区域，而普通的管理者习惯把时间放在重要紧急的区域。因此，管理者真正要做的就是做那些重要而不紧急的事情，也就是把工作重点放在时间的第四象限内。这一类的事情往往对我们的工作影响深远，例如辅导（指导）下属工作、建立和推广企业文化、组织下属参加技能培训、了解行业和市场趋势、睡觉、吃饭、健身、改善激励机制和招聘新的优秀人才都属于重要不紧急的区域。如果相反，我们紧急地吃饭睡觉、紧急地健身、紧急地制订工作计划、紧急地推广企业文化，可以应付当前，但一定潜藏巨大的隐患。

经典
案例

真正优秀的的领导者都是把精力放在那些重要而不紧急的事情上，在这一点上，江苏的学员吴总就做得很好。

从一家只能承办 5 桌酒席、员工 30 余人的小餐饮店，到拥有 14 家分店、5000 余名员工，亿万资产的大型餐饮航母，吴总只用了 10 年时间。吴总曾多次参加我的总裁系列课程，而深度接触她是在 2011 年 4 月 14 日，那天是我的生日，她的饭店承办了我的生日晚宴。在与她交流的过程中，我发现她是一个非常懂得把精力放在真正重要的事情上的人。正是因为这样的性格，再加上自己的勤奋，才能让她如此娴熟地驾驭这么庞大的一个餐饮企业。

1998 年，吴总在江阴开了第一家店。这第一家店还不纯粹是餐厅，其实是茶餐厅，以喝茶休闲为主。但江阴毕竟是一个县级城市，那个时代的消费者对于喝茶休闲还不是特别接受。三个月后，吴总发觉生意不理想，于是转型开始做中餐，以喝茶为辅，餐饮为主。转型之初，吴总还不太专业，很多事情要去亲自感受、承担，并去创新、突破，所以四年里，她把所有的精力都扑在这一家店上，心无旁骛。

江苏本就是美食之地，八大菜系之一的"苏菜"全国闻名。如何才能在"苏菜"的基础上做到突破，是吴总首先考虑的重点。对于餐饮行业来说，最重要的就是菜点创新、人员培训和企业文化。于是，吴总把重点和精力放在挖掘推广"澄菜（澄，即江阴简称）"上。其他事情她宁愿暂时放弃，即使出现业绩的损失，也坚定地不予过问。从开始推出的"鱼头煲"，到"冲浪河豚"与"清蒸刀鱼"，每道菜吴总都亲尝为宜。鱼是澄菜的基本食材，以鱼为主菜，随着饭店的名气越来越大，吴总先后又成立了以长江鲜、养生菜、霞客菜、河豚宴等创意菜为主题的特色餐厅。吴总明白企业每个发展阶段的重点不同，随着饭店的扩大，食材的质量保证，人员的培训开始提上日程，她又先后设立了三大中心：配送中心、培训中心、研发中心，以及三个上游资源产业：在江西景德镇建立餐具厂，在青阳成立绿色产业公司，在长江畔筹建"长江三鲜"养殖场。企业的成功，与她凡事聚焦重点的惯性密切相关。

因此，对于重要的事情，我们也应该有条不紊地做好，不应匆忙应付。领导要想真正从繁忙的工作中解放出来，关键是如何把这四个象限的时间管理理论有效地运用到我们的日常工作当中。运用好它的关键在于重要紧急和重要不紧急的事情的顺序问题，必须非常认真区分。另外，也要注意划分好重要紧急和不重要但紧急的事，因为他们都是紧急的，区别就在于前者能带来价值，实现某种重要目标，而后者不能。

具体如何做呢？我给读者一个小小的建议，就是把自己这一年内想要做的事情列出来，然后分为 ABC 三类：

A：最想做的事情；

B：愿意做的事情；

C：无所谓的事情。

接着从 A 类目标中挑出 A1、A2、A3：

A1：最重要；

A2：次重要；

A3：第三重要的事情。

然后针对 A1 类工作，在另外一张纸上，列出达成这些目标你所要做的工作，接着再将这份清单分成 ABC 三类，分别代表你最想要做的事情、愿意做的事情，以及做了也不会错的事情。

把这些目标放回原来的目标底下，重新调整结构、规划步骤，接着就是去执行。这称为六步走的方法：

（1）挑选目标；

（2）设定优先次序；

（3）挑选工作；

（4）再次设定优先次序；

（5）安排行程；

（6）执行。

如果每天这样做，单这一个习惯，你就可以拥有一个非常惬意的人生。

一张一弛，文武之道，所以领导者必须舍得放手，善于放手。有些事情放一放再处理，有些事情交给别人去处理（这又要求舍得放权），给自己留下必须亲自处理而且马上处理的重要工作去做。这样不仅能游刃有余，举重若轻，还不会使自己透支体力。只有有了好的身体，才能做好其他事情。

◆ 领导者必做的三件事

作为领导者，不是你要做更多的事情，而是你要做更重要的事情。因为领导者永远不是做紧急的事情，做越多紧急的事情，就越容易成为"救火队长"。因此，紧急的事情宁愿把它裁剪，宁愿损失，都要去做重要的事情。

领导心得

领导者不要被事情所左右，而是要成为事情的主导者和创造者。

在这一点来说，如果一个领导者到处都是重点，说明他什么重点都没有，他什么事情都无法真正地做到极致。领导世华智业集团这么多年，我在公司永远只管三件事，其余的事情都是下属去做。我认为这三件事特别具有价值和意义，世华每年300%的发展速度与这三件事是分不开的。我想，这三件事情，任何领导做好了，都能为企业带来极大的价值。各位读者，你们想不想知道是哪三件事情呢？

（1）做战略

战略是什么？我从四个方面来阐述这个在企业当中非常重要的概念。

第一，战略是方向，是决策。战略是十字路口上的下一步选择，有战略眼光的企业家，一定明白有所为，有所不为，未来才会大有作为。可以说，决策就是选择，选择就是定性，定性才会有力量。

第二，战略是重点。有重点就意味着放弃其他不是重点的项目，没有放弃就没有重点；因为，舍就是得，不舍不得，小舍小得，大舍大得。所以，战略的本质就是放弃，放弃某一部分，才能把另一部分做到极致。

第三，战略是全局。企业领导者的作用就是确保组织各部分相互协调，实现组织的整体目标，即人们不能片面追求局部最优化，而应追求企业的整体最优化。既然是追求总体最优化，就意味着要牺牲某些局部利益。

第四，战略就是定位。定位是确保在市场中的位置：放大强势，找到空隙，制造概念，有效区隔。定位就意味着要放弃、牺牲一些东西，专门去做客户需要的，对手比较薄弱的，自己非常强势的，一直坚守的东西。没有定位，企业在行业中就没有地位。

通过上面四个方面的分析，我们可以很清楚地知道，明确企业的战略具有非常重要的意义。所以，作为领导，必须清楚以下四个方面：

第一，做什么和不做什么；

第二，做什么才能实现未来，不做什么才不影响我们的未来；

第三，变什么和不变什么；

第四，变什么才有未来，不变什么未来才有力量。

> 领导心得
>
> 没有战略的企业，不变是等死，变是找死！

战略的本质是什么？战略的本质就是要舍得放弃。如果没有学会放弃，你永远不知道什么是真正的战略。

（2）做资源

在激烈的市场竞争中，任何组织能够直接运用的资源都是有限的，只有有效地整合相关资源，才能保证企业在激烈竞争中立于不败之地。

资源包括内部资源和外部资源。领导要做的另一个非常重要的工作就是如何做好内部资源的配置和外部资源的嫁接，如何有效地嫁接和放大内外部资源，如何把资源变成资产，如何把隐性资源变成显性资产。可以说，资源整合能力是企业核心竞争力的直接体现，一家企业能够在多大的范围、多高的层次、多强的密度去组织资源，决定了企业的价值创造能力和发展边界。

资源整合讲究策略，关键在于找到最佳结合点。成功的企业之所以成功，一个重要的原因就是善于整合其内外部各种资源。实践证明，企业只有有效整合内部资源才能真正做强，只有有效整合外部资源才能真正做大。

（3）做文化

文化是什么？文化是自然的影响力，是一种非制度的强大推动力，文化是渗透人心最重要的力量，它可以不断繁衍。你不需要雇用同仁躯体，你只需要抢占同仁心智，而心智只有透过文化才能抢占。

对于企业来说，制度与文化是缺一不可的。制度约束同仁的工作行为，文化则是自动牵引同仁心智的有力武器。

为什么这么说呢？因为企业文化和制度是企业管理的"两手"，一只手硬，一只手软。而且文化为制度提供更为科学合理的依据，因此制度与文化相互渗透、相互促进，共同形成独特的企业内涵。再者，通过文化的力量，可以消除同仁对制度的负面信念，增加正面信念，激发整个企业自动自发地去完成工作，拿到结果！所以，一个企业制度建设得再好，但如果没有足够吸引人的文化，下属也很难自动自发地工作，产生的结果也就不会很理想。

领导心得

一个企业的文化只有从第一领导者亲自践行，才能引领更多的人。

谁是企业的第一领导者？当然是你，你是整个团队的精神领袖，而精神领袖最大的贡献是什么？就是他的精神能够引领团队，让团队心悦诚服地跟随，这就是一个企业当中最大的力量。

经典
案例

目标
责任状

签订目标责任状

领导者必须舍得放手，善于放手。什么都想做好，反而什么都做不好。在我众多的学员当中，西安的郝总就是那种舍得放手，善于放手的领导者。他是一位白手起家、年轻有为的"80后"，而他们企业的职业经理人徐总身上那种百折不挠的创业精神和智慧让人钦佩。

郝总的企业主要从事房地产项目。企业成立之初，面对竞争对手，很多方面都遭遇到了发展困难，处于日益严重的亏损当中。于是，当徐总接手公司总裁一职之后，她和郝总第一次走进西安"总裁执行风暴"课程现场。世华一系列的总裁班课程让他们开心见智，思路豁然开朗。于是，他们在公司战略、资源、文化三方面进行了大刀阔斧的改革。

改革之初，企业当时可以说是虚弱无比，战略不甚清晰、资源有些匮乏、制度与文化相对混乱，这导致公司现金流随时有断裂的风险。徐总意识到必须先解决企业生存问题，才能谈管理。因此，她的第一个战略调整就是解决公司造血机能，回笼现金。通过一系列战略战术的制定，以及各项策略、方案、培训、销售包装等的落实，改革后的第一个月就回款3000余万元，及时缓解内压，补充了公司整体能量！

"现金为王"让公司及时解决生存危机，下一步就是市场信誉危机的尽快解除。当时公司的一个承建项目因为各种原因，导致要延后四个月才能交房，违约的大势已定，企业信誉可能将在一夜之间因480户业主的不满而损失殆尽。郝总和徐总没有退缩，而是利用手上的资源，与开发商、总包方、监理方等磋商，竭尽所能把项目延后的工期补上。当时，各方都对3个月后的竣工期视为天方夜谭，而交房期却在竣工期后的一个月。面对如此严峻的局面，郝总和徐总齐心协力，立志将 7 个月的工期在 3 个月内保质保量完成，使竣工后 20 余天内能顺利交房。他们与各方签订"目标责任状"，克服重重困难，使承建项目终于在 3 个月后圆满竣工，并按期交房，不仅保住了企业信誉，更谱写了精彩的团队合作篇章。

紧接着，针对企业不甚理想的文化与制度，徐总从目标责任小组的成立，到内外部资源的整合；从企业财务制度，到项目工程，再到人力资源整合等政策制度都一一落实下去。难能可贵的是，郝总在改革的过程中，对徐总始终真诚坦率、信赖放权，相互的信任、支持和共融，让徐总的工作开展非常顺利，使企业上下在多项改革中全线突破、拿到成果。

通过战略、资源等方面的调整，不到 3 个月，企业的局面大大扭转，并取得了很高的市场声誉，三个月的销售额就突破了 9800 万元。当公司形势得到控制后，徐总开始在企业文化上下功夫，因为她知道企业文化才是统一人心的真谛所在。一个企业即使制度再健全，没有统一人心的企业文化，同仁也很难自动自发地工作，结果当然就不理想。

为此，郝总和徐总带领核心团队，参加世华举办的"总裁咨询风暴"，专门请我为其提炼企业文化，同时他们在企业内部成立企业文化委员会，倡导"诚信、责任、共赢、创新、专注、仁爱、顶立"的核心价值观。为使企业文化得到良好的传承，在企业内部，不仅经常举办与企业文化相关的演讲比赛，所创办的"文化墙"更成为许多同行竞相模仿的一道亮丽风景线！随着企业文化的贯彻，公司上下已在企业文化的熏陶下，怀着同一个使命，发出同一个声音，迈向同一个愿景。

两年多的时间下来，整个企业在资金管控、成本预警、人才管控、进度保障等方面都获得了很大提升。这里面很大一部分原因在于郝总在领导企业的过程当中，明白哪些是最重要的事情，那就是"战略""资源""文化"。只有把这最重要的三件事情做好了，其余的事情才能有条不紊地进行。

通过这个案例，希望读者朋友能明白，战略、资源、文化这三部分是管理企业的重中之重。在我看来，企业领导者最重要的就是抓好这三部分，其他的事情都可以慢慢让别人去做。亲爱的读者，如果你不能放弃一些不重要的事情，你就无时间、无精力把重要的事情做到极致，也就无法创造你真正想要的成果。最后你做了很多事情，很累，但企业的绩效却不会尽如人意。

> **自检**
>
> （1）为什么总是议而不决，决而不行，行而无果，果而不大，大而不久呢？我将如何做才能改变这种领导的死角？
>
> _____
>
> _____
>
> _____
>
> （2）我将如何在有限的时间创造无限的成果？我又将如何在最短的时间，创造最大价值的收益？我要改变的做事风格和习惯

是什么？

_____

_____

_____

_____

总裁教练姜岚昕老师认为：

领导者要将自己的时间、精力和资源高度聚焦重点，永远要做最重要的事情。到处是重点就没有重点，学会放弃才能明了战略，拒绝诱惑比创造成果更需要勇气、智慧与魄力。

请写下您的阅读感悟和即将践行的计划

第九章　没有恩威并施

思考 为什么领导发威造成反弹，发恩下属却毫无反应？为什么下属只想被动地完成任务，而不是主动地拿到成果？

没有恩威并施是领导者为什么累的第九个原因。

常听到有些领导者说："我对下属那么好，可是到最后他们都背弃了我，跑到竞争对手那里去了了，真是太不重情义！"

也常见这样的领导者，很有"领导脾气"，只要看到不顺他的事，就把下属叫到跟前劈里啪啦骂一顿，好像厉害得不得了，可是下属没有人对他感到厌恶，也不认为他管得太严，反而觉得有一分亲切感。

这就是领导者的不同。

如果你的一个下属犯了错，你是该安慰还是该骂他一顿？有时安慰比骂更有效果，有时骂比安慰更立竿见影。但是，该安慰的时候你却骂，该骂的时候你却安慰，会把本来没有那么糟的事情搞得更糟。是恩是威，全靠领导者的悟性了。

领导下属，要懂得恩威并施

　　领导者要想让下属服从管理并接受你的管理措施，就必须要有威信。领导者的威信来自于两方面，一是权利所赋予的；二是凭自身能力和品质争取的。威信是一个合格领导者的基础，没有威信的领导者是很难行使权利的。那如何获得威信呢？很重要的一点就是：领导下属，要懂得恩威并施。

　　每个人都有很强烈的被承认、被肯定的欲望需求，所以领导的适当施恩容易让下属感到受重视，受尊重，从而建立起彼此之间的感情；但是，领导对待下属只靠诚信、公平，在很多时候是远远不够的，必须要动点脑筋、换些方法，适当地发发威，才能使下属服服帖帖，心甘情愿地为你效劳。下面这个案例就很好地说明了这一点。

经典
案例

领导者要懂得恩威并施

我的一个学员是一家机器制造企业的老板，他跟我说过这样一件事。在他的生产制造部门，有位技师跟生产组的组长发生了冲突。技师大学毕业，到公司才两年多；那位组长高中毕业，在工厂从学徒做起，已工作 11 年。双方的冲突起因源于机器的改良设计。

技师认为应该在成品上再加一个自动控制钮，组长则认为多此一举。前者是从机械的结构着眼，也可称之为理论的应用；后者是从实际操作着眼，可称之为经验的积累。他们都是想把机器改良的更加完美、实用，其出发点都是为公司好。两个人之所以吵起来，表面上看是观念不一致，实际上则是彼此互不服气。

领导者要懂得恩威并施组长认为："我在厂里干了十几年，整日与这些机器为伍，连哪里有个小螺丝钉都记得清清楚楚。你个毛头小子，只不过多念了几年书，就地位比我高了，其实你什么都不懂！"技师的想法正好跟他相反："机器结构的原理，我比你清楚得多，你想用土办法来改造机器，那真是差的太远了！"

这种彼此不服气的心理，当然不是一天形成的，那位技师一进入工厂，这种想法不协调的现象就开始酝酿了，这次的事件只是个导火线而已。

冲突发生之后，老板在处理上颇感为难。因为就事论事谁都没有错，但实际上又不能不问不管，否则，让这种不满的心理状态继续发展下去，后果太可怕了。可是，如何管呢？如果把技师数落一顿，不仅技师会认为老板不重视新技术、新构想，也会增长其他老技工的气焰。如果把老技工出身的组长骂一顿，一定会引起老技工们的不满，认为老板不重视他们，说不定一气之下，拍拍屁股不干了。

这位老板想来想去，真是左右为难。如果用不好专业人才，他的企业不可能有长远的发展；如果得罪了这些老技工，使他们生出二心，工厂的生产立刻就会受到影响。对他来说，这两种情形发生任何一种，都是公司的不幸。

最后，他终于想出一个"两全其美"的办法，那就是把两者的权责划分清楚，另外设立一个研发部，由那位技师管理，挑选了几位年轻、好学的技工跟他一起研究，专门从事改进产品的工作。那位组长则专门负责生产，两个人互不干涉，就不会发生直接冲突。

此外，这位老板还用了点小心思，消除了双方心中的"怨气"。他把那位技师叫到办公室里，用诚恳的语气跟他深谈了一番。自然不外是将来公司的发展全看他了，希望他能争一口气，在新产品开发方面有突出的表现。

照理说，工作责任重了，自然在待遇方面也应该提高一点才合理。但这位老板心里明白，如果调了技师的职务再加他的薪水，无异于告诉其他人，他对这位技师更加重视了，所以他告诉那位技师："你现在独挡一面，责任重了，我应该给你加一点薪水，但我相信你了解我的苦衷，现在还不能给你加。好在你还年轻，又有自己的理想，不会计较这些。不过，我可以向你保证，我决不会让你吃亏。"

接着，他又把那组长叫到办公室，一见面他就用带着几分亲切的语气训起来："你简直是在胡闹，身为生产组主管，竟当着那么多人跟人家年轻人吵起来，这成什么体统？资历比人家深，即使有什么不满，也该忍下来，事后可以跟我说。你这样公开跟人家吵闹，让人家如何下得了台？"

"你已经跟我工作十几年，你的能力我当然信得过，"这位老板用对待自己人的语气说，"但你要知道，我们要开发新产品，扩大业务，光凭你我两个人是不够的，必须要吸收新的人才。如果我用一个新人，你们就跟人家吵一架，谁还敢到我们这里来？经验固然重要，理论也不是一文不值，你到人家那些大公司去看看，负责开发、设计工作的，都是些学有专长的人。以后你的气量一定要放大一些，免得人家说我这个老板只把几个老人当宝贝，帮着你们欺侮新来的。"

那位组长本来一开始还有满肚子的话要说，被老板训了一顿，一句话也说不出来了，老板对他这样好，把他当成自己人看待，他除了惭愧还能说什么呢？

"现在我把你们的工作分开，"老板最后说，"你负责生产，他负责新产品开发，不过，你要弄清楚，你们的工作性质虽然不同，但并不是互不相干。他在工作中需要你支援的，你一定要全力协助，不管有什么委屈，可以跟我说，决不能再跟人家当面吵，否则，我可是不答应你。"

最终，冲突不仅圆满解决，而且两人带领各自的团队为这位老板创造了不少价值，企业也发展得越来越好。

不知读者读过这个案例之后，有何感想？试想如果那位老板用对待组长的态度对待技师，估计技师一气之下，马上辞职不干了。同样地，用对待技师的态度对待那位组长，他不但不会认为你对他客气、尊重，反而会认为你不重视那么多年的交情。

上面这个案例中的老板就很懂得"恩威并施"。技师和组长犯的是同一错误，但由于对象不同，他处理的方式也是因人而异，而且两个人都认为他处理的得当，对他产生了更大的向心力。

看到这里，各位读者是否明白，领导"恩威并施"也要因人而异。它牵涉到被管理者的个性、观念和理想，同样的方法、同样的事情，决不能用于所有人的身上，而必须根据平时你对他们的了解，以及你们之间的关系，灵活地加以运用。当然，在实施的过程中，也有一些需要注意的地方，在这里我们一条一条分析介绍具体的措施。

（1）预示

给下属一些恩惠很容易理解，但"威"却不是随随便便发的。如果下属不服从工作，可以用预示的方式来引起他们的警惕。下达命令或指示下属行动时，预先告知如果不遵从指示时，将受到一定的惩罚，让下属遵从指示行动。

大部分人因为害怕被处罚、不想被处罚，都会遵从指示。处罚一般分有明示的处罚和暗示的处罚两种，但是因为处罚的行使必然会遭致反感，所以，领导者应尽可能注意，以暗示的处罚方式来驱使下属行动。

（2）面子

人有被承认、被肯定的欲望需求。所以，被人拒绝、责难、忽视，就会变成很没有面子和伤自尊的事情。因此，领导可以适当运用警告的语气告知下属"如果做这样的事，会被大家笑话"或"如果不做好这件事的话，谁都不会再信任你"的话。通过这类语言，可以使下属认识到如果不这样做的后果，就会多加警惕。

（3）恰当

当在评价下属工作的时候，一定要把握分寸，恰当行事，最好要像夹心饼干一样，具体可以分三步走：先肯定下属的工作成绩，然后再具体地指出他工作中的不足，最后提出你对他的期望。这样将批评夹在好评之中，巧妙而不失委婉，让被批评者心中有数又不至于大跌面子。

同样，对于下属的期望一定要表现的非常诚恳。比如"小刘，你是个很有上进心的青年，我希望你下次做得更好。""小李，我发现你的工作每次都有进步，我真高兴，相信你一定能做出更大的贡献。"不要小看这几句评价的话，它能让下属在接受你的批评后备感温暖，工作更有激情。

（4）诚实

诚实是表扬的关键。不管是父母对孩子，还是领导对下属，所夸奖之事必须是真实的、发自内心的。子虚乌有、随意捏造的夸奖迟早都会被识破，同时还会让你的下属心中纳闷："我并没有在这方面做得很好，他却对我大加表扬，这是什么意思？讽刺我吗？"这种表扬其实比批评还糟糕。

（5）精确

当你评价某位下属的工作时，最好清楚地描述问题，力求精确，泛泛而谈是不能起到好效果的。一来下属不能具体明白自己的工作到底是好还是坏，二来泛泛的评价也许根本就不能说服下属，反而让人觉得你是在给他"小鞋"穿。与其说"小王，你的这份报告做得太马虎了，我实在不能接受"，不如说"小王，你的报告中的数据不够准确，市场分析也不够精确，与当前真实的市场情况尚有一定差距……"这样，下属必定会心服口服，无话可说。

（6）同理心

人与人之间都是平等的，情绪不好会影响其他的人。在工作中，领导者都不希望看到下属有任何悲伤的情绪。但是，悲伤的感情会引起同情的共鸣，动摇对方的心，因此，真的出现这种情况的时候，作为领导一定要表示慰问和理解，勉励其忘掉悲伤，继续努力。

同理，发怒也是一种比较负面的情感。虽然一直生气不会有什么好效果，但是有时大声一喝或突然大声拍桌子等的表现，却可以刺激人心。下属看到上司发脾气，就会很紧张，同时这样的工作氛围也不好。这样的话，工作就会很小心且会努力做好工作。所以，有时利用表现负面情感的方法，可以鞭策下属怠惰的心，驱使他们积极行动。

总之，"恩威并施"一定要恰到火候。"恩"就是温和、奖励、赞美，"威"就是严格、批评、期望；下属做的有失妥当的地方固然应当批评，而对其表现优秀之处，更不可抹煞，要给予适当奖励，这样下属的内心才能平衡。

自检

（1）在过往的领导经历中，我们是否真的爱我们的下属？我们到底为了我们的团队，做了多少令团队为之感动的事情？有没有在核心层中，留下永久值得感恩的记忆？

_____

_____

_____

（2）我能让团队为之感动的是什么？我要是为自己在这项评论中打分，是多少分？为什么是这个分数？还差的分值是什么？我如何有效地改进？

_____

_____

_____

◆ 关爱下属的领导才是卓越的

优秀的管理者，必须善于激发下属对事业的忠诚，上下同心完成各种目标。这除了需要领导利用手中的权威，更需要让下属感受到领导无微不至的关爱，才能让下属发自内心地愿意为你效劳。

恩威并施，顾名思义，就是恩惠与威严同时使用。恩是软的，威是硬的。如果光来"软"的，长久下去，团队的执行可能没有力度；要是光来硬的，估计过不了多久，就会让团队成员群起而攻之，不但不会引起团队的整体效应，反而会造成团队成员对你的抗拒。因此，"恩"永远排在"威"的前面。所以，你有没有经常给下属一些恩惠，这是成功非常重要的关键，也是很多人为什么愿意为你付出，愿意听从你的施令的一个很重要的原因。

然而，我看到不少管理者，太过注重自己的权威，总认为自己最聪明，其他人都是笨蛋，于是整天板着脸，对下属等凡是职级低于自己的，从不正视，动辄训斥，总是一副老大的身份来教训那些职级低于自己的人。结果呢？要么大家不买账，弄得都不和气，要么大家阳奉阴违消极对抗。

领导心得

没有给过下属"恩"，领导凭什么发威。

领导的"恩"很大的程度上都体现在对下属的爱上，爱与被爱是人类最基本的心理需求，给予爱满足会极大地增强一个人的自尊、自信。所以，作为管理者，更应当有颗仁爱的心。作为有思想的人类，其社会发展的任何阶段，"爱"都是最好的沟通工具。有了爱，也就有了人性；有了爱，就有了团结的力量；有了爱，就可以化解一切矛盾。

为人父母者，以其无私的爱换得了子女永远的孝敬；兄弟姐妹以其血缘关系的爱，使每个人都获得了一生中手足之情的快乐；至亲朋友以其患难与共的忠诚，培育了朋友间互助互解的爱；夫妻间，从爱情慢慢发展到亲情，使彼此都获得了相互陪伴的爱……作为管理者，如果把握好爱这个武器，就可以赢得下属的忠诚甚至追随，就可以把自己的想法变成现实，就可以与下属共同实现人生的价值。

2001年我创业的时候，只带领 5 个人，在月租金不到 3000 元的 80 平米的小办公室里起步。那个时候公司的经营情况非常不好，大家都没有什么收入。尽管如此，我还是非常关心同事，每次买早餐的时候，也不忘给他们捎根油条、买杯豆浆、带杯酸奶；每次聚餐点菜，我都会点他们喜欢吃的。

亲自下厨

一到春节放假，我都会给他们的父母写感谢信，告诉他们自己的孩子在公司中的表现，感谢他们养育了这么优秀的子女，能够来到我的公司工作。当同事回去的时候，他们人到家，我给他们写的信也到家了。大年初一，我还会给他们的父母打电话拜年，再次感谢他们对我们工作的支持。

春节放完假后，母亲，还有其他亲戚给我的腊肉、卤鸡鸭、鸡蛋等等土特产把我汽车的后备箱装得满满的。每次母亲都会说："儿子，你一定要自己吃呀，每次你都给了别人。"我说："好，你放心。"到了公司，全分给同事了。到现在还是这样。

到了2003年，公司情况有了改善，人员也增加了不少。即便这样，我也是经常给同事买零食，买酸奶。夏天买来西瓜，也要一一切好，送到同事手里。03年正赶上非典，导致公司没有业务，亏了很多钱，可是我坚持没有裁减一个人，也没有给他们放假和降薪。我每天给他们培训，告诉他们非典并不是坏事，它能让我们更好地反省自己，静下心来学习和修整自己，让我们认清生命的本质，从另外一个角度发现可能的机会，让我们加深跟客户的感情。为了降低同事对非典的恐惧，我每天在家里给他们熬预防非典的汤药，熬好后，拿到公司，一碗一碗地送，很多同事都感动地哭了。

2004 年，世华智业集团又准备跨出新的一步，开辟上海市场。刚到上海，因为办公室要装修，所以我和 9 个同事一起租住在一套民居里。那段时间，我每天给他们炒菜做饭，为他们泡茶，跟他们聊天分享。细心周到的照顾换来了他们不怕灰尘，不怕脏乱，在没有装修完的办公室里开晨会和晚会，宣誓要达到目标，并积极主动地开发客户。如今，上海世华的业绩在全集团都是名列前茅的。

为了更好地表达对同事的关爱，我们成立了世华智业集团"久久真爱基金"，意思是永久真爱世华智业集团的每一个同事，所有的高管都要拿出薪水的一部分进行捐赠；公司的任何罚款全部充入"久久真爱基金"当中，当然这些罚款不称之为罚款，而是称之为乐捐。所有世华智业集团同事，哪怕刚进公司一天，只要发生意外，或者突发状况，而自己又无力的时候，"久久真爱基金"无条件进行爱心援助。

之所以告诉读者这些故事，是想让读者明白，如果你在物质上不能给予下属很多，在精神上又给予的太少，谁还跟着你做事呢？都不跟你做事了，你别说发威，你拍桌子，别人不仅拍桌子，还跺脚。这样你是不可能有威力和威信的。

其实，给下属的每一笔钱，每一个奖励，每一个赞赏，虽然是有限的，但是这种恩惠的力量，这种影响的力量，是用钱买不来的心，是用物质激发不了的感情，是用金钱无法收拢的心智。这些恩惠产生的力量，在关键时候就能发威，就能把很多事情顶上去，让下属即使面对阻挠也会拿到成果。

亲爱的读者朋友，如果你在很多方面没有"恩"，那你怎么发威呢？关键时刻，大家怎么能顶得上去呢？所以，不要吝啬自己对下属的关爱。江苏的学员王总从事环保科技行业，从我们认识开始，每次她上完课和我交流，我都能感觉到她是一个非常关爱同仁的企业家。

她是技术专家出身，主要负责公司的研发设计工作。公司成立至今，承担和完成了国家及省级科技计划项目20多项，获发明专利7项，实用新型专利10多项，技术均达到国际先进国内领先水平。技术研发和管理千头万绪的事情特别多，但是无论再忙，王总从来没有忘记过对同仁的关爱，而是把同仁当做自己的家人和知心朋友一样对待。不管他们在生活中，还是情感上有什么困难或困惑，她都愿意去聆听，尽力去帮助。

因为是高科技行业，企业中来自全国各地的优秀人才不少，内外地大学生较多，由于工作的特殊性，需要经常外出到一线现场，谈恋爱的机会较少。可是，王总并没有对他们不管不问，而是根据他们的需求，联系社会上或其他企业的大学生，进行联谊活动，更多地为同仁提供与他人接触的机会，解决他们生活问题。当同仁或其家属身体出现问题，她总是通过多种渠道咨询医生和专家，给出合理化建议，防止他们有病乱求医，减少同仁心理上的负担。

不仅如此，在工作中，王总充分尊重员工对工作岗位的选择权，重视员工提出的意见和建议，认可他们在工作中的点滴成绩。当同仁在工作中出现错误，她不是简单的发火，而是耐心地找他们沟通，了解他们为什么会犯这样的错误。当同仁认识到错误的严重性，她仍然充分信任他们，再次给他们成长的机会。同时，为了避免同仁犯错，多成长，王总不断规范和健全企业的管理制度，并投资大量的经费用于同仁的学习培训，帮助他们提升个人理念、思维模式和行动准则。

在王总看来，只要自己对同仁真心付出，他们一定能感受到整个企业家一样的氛围。在这样的氛围里工作，同仁才会安定下来竭尽全力投身到工作当中。这些年，企业人员流动率不到1%的事实充分证明，真心关爱同仁，同仁对企业的忠诚度会更高。

所以，你真心对待同仁，同仁也会真心对待你。你没有给过下属恩惠，你凭什么发威；你没有真心地关爱过下属，你凭什么有威信；没有了恩，没有了爱，你凭什么在关键时刻，让你的思想、话语和指令变成威信呢？

有恩有威，恩威并施，才能让下属真心地追随你。各位读者，你为什么累，是因为你给予别人的恩惠太少了，所以你的威信永远建立不起来。

自检

（1）为什么对团队软的无力，硬的无效？从中看出了自己的
领导力的差距在哪里？我将如何做，才能使自己在团队中的威
信日益飙升？

（2）我将如何先恩后威？又将如何重恩轻威？还将如何多恩少
威？具体的计划是什么？

总裁教练姜岚昕老师认为：

领导下属，要懂得恩威并施。恩是软的，威是硬的。如果光来"软"的，
也许感性触动，也有可能软弱无力；光来"硬"的，也许产生推动，肯定
会产生抗拒。只有软硬结合，才能产生最好的管理成效。

请写下您的阅读感悟和即将践行的计划

第十章　累习惯了

思考　为什么很多领导者忙的没有价值，却又闲不下来？为什么很多的领导者累的不堪重负，却很少让团队来为之分担？

"忙习惯了，一空下来就特别空虚。"

"闲不下来呀，公司这么多事，让我闲，我也不放心呀。"

"没办法，我就是喜欢忙。"

"忙忙碌碌好，这样才过得充实。"

……

可见，有些领导累，纯粹是自找的，为什么？因为这些领导已经习惯了每天做这做那，真正喜欢上了这种生活，你要让他不做，他就不舒服。所以，领导为什么累的第十个原因就是累习惯了。

◆ 养母与生母

很多企业家学员跟我说，一到周末，就坐立不安，在家这儿走走，那儿看看，就是不舒服。即使在外面玩也玩得不安心，总觉得有什么事情没有做似的。后来实在受不了，就自己跑到办公室坐了两三个小时，其实也没什么非要处理的事情，但就是去办公室找点事情做才觉得舒服。

各位读者，你们知道他们为什么会这样吗？这就是在一个企业当中，职业经理人永远理解不了的创始人对企业的那份感情。举个简单的例子，很多风险投资者对待所投资的企业大部分都是养猪的心态，他们投入的钱，就相当于饲料，只是想把这个企业快速地催肥，然后卖个好价钱。

一个真正的创始人，对于企业就像生母一样。生母是什么？生母就是准备了很长时间，好不容易把企业给怀上了，还要孕育。孕育的过程中，吃不好、睡不好，等了很长一段时间，这个孩子终于出生了。孩子出生后，还要抚养。在抚育孩子的过程中，创始人投入的都是自己的心血和感情，希望企业能够真正发展壮大，所以不到万不得已，他铁定是舍不得卖的。

相应地，无论是风投派来的，还是创始人自己找来的职业经理人，都跟创始人有着永远不可比拟的心理，他们就好比是企业的养母，很难像生母一样，可以为这个企业付出一生的心血和代价去经营。对此，我深有感触。

哲理感悟

我对自己所创办的世华智业集团有着非常深厚的情感。自从2001年，我在西安创办了第一家世华公司之后，十多年时间，世华智业集团不断发展壮大，已经在全国各地建立了36家分公司。然而，带给我最深记忆的仍然是西安世华公司。

每次回西安，只要我有空，就要抽出时
厦原来叫庆丰大厦，现在已经被改造
成了一家宾馆。这家宾馆并不高档，
条件也不是特别好，可我一去到那里，
就想住到当时我创业的那个房间。

以华夏的感情

当我躺在那个简陋的小房间里时，就
会想起以往创业时的种种艰辛。那时
每天做的最多就是一个又一个的电话，
一次又一次的登门拜访，然而企业的发展依然艰难无比。即使这样，我仍然
坚信我能成功，这些困难只是上苍对我的磨练。这种感觉让我觉得特别幸福，
因为我怎么也没有想到，十多年前的一个决定把我变成今天这个样子！

如今，世华智业集团的总部搬到了北京，2008年底的时候，我又收购了北
京华夏管理学院，并且在2011年11月11日正式宣布将华夏管理学院办
成免费大学。这等于是再一次创业，所以，对于华夏的感情也是不一样的。
记得有一次我去北京讲课，班机凌晨一点多才到机场，司机开车来接我，
他问我是要回酒店还是去别的地方？我说先回华夏，因为自从收购华夏以
来，我把大部分时间和精力都放在它上面，立志要把华夏建成中国管理类
院校具有影响力的大学，所以每次来北京我都想去华夏看看。

司机一听我说完，就告诉我，姜老师现在学校都没人了，我说我不是人吗？
司机没办法，就开着车把我带到了学校。我在学校转了一圈，那时候都凌
晨两三点了，但我一点都不感觉累，反而觉得很享受。

我想每一个创过业的读者一定和我有着相同感觉，对待自己亲手创办的企业就像亲生孩子一样，都有着深深的情感和最真挚的爱。但是，我还要告诉各位读者的是：不要因为这种情感和爱，这种忙碌和累的习惯而制约了你去做更大的事情。即使是累，也要放大"累"的价值和意义。

自检

（1）为什么自己总是难以放下本可放手的事情？真的是团队无以替代，还是自己培养了团队依赖的惯性？如何结束这种单纯依靠能人的运营模式？

_____

_____

_____

（2）为什么明知是无效的工作，还在一直重复？为什么已感受到是错误的做法，依然还在重复？我必须首要打破的是什么？我现在要立刻做出的决定是？

_____

_____

_____

◆ 放大"累"的价值和意义

日常工作中，很多领导已经习惯每天都忙忙碌碌，你让他闲下来，他就浑身不对劲。在这一点上，我有很深的感触。一个人累习惯了，根本就闲不下来。

哲理
感悟

母亲的习惯

我母亲就是一个闲不住的人，这么久了，一直在农村住着。不是我不想接母亲到城里来，而是母亲住不习惯。

记得2007年，我成立"岚昕大爱基金"的时候，特地邀请母亲来参加基金的成立仪式，我本以为母亲会非常愿意去，因为这是我的一片善心。可是母亲听了之后，却说："儿子，我可不可以不去呀？"我问母亲为什么？

母亲告诉我她很忙。

我就奇怪了，母亲在忙什么呢？于是就问她忙什么？各位读者，你们猜我母亲是怎么回答的。母亲回答说："我去你那里，来回差不多要一个星期。这一个星期，家里的那些鸡呀，狗呀，猪呀，谁来喂，谁来养？"你看猪狗鸡比我成立"岚昕大爱基金"还重要。

所以，母亲有母亲的习惯。我母亲到现在还要自己种菜，还要翻山越岭去赶集。我要给她买一个好的电视机，她说不用买，过去连电视机都没有，现在有电视机就好了；我想给她买一个好床，她说什么床都是一个睡觉的地方；我准备给她买一个好的被褥，她说太干净了，我还不习惯，怕把它弄脏了，影响睡眠质量；我要给她买一个空调，她说用电风扇我都觉得费电，喜欢用扇子自己扇，这叫自然风。

看看这就是我可敬可爱的母亲，她已经养成了忙碌的习惯，让她改变是很难的。同样的如果让我一个月不演讲，或者把我每月演讲的次数减少一半，腾出的时间让我休息，我就会不快乐，浑身难受。为什么，因为我一见人就想拿麦克风，就想演讲，没办法。而且我每次演讲都是站着，你要让我坐着讲，我就觉得很压抑。

"当局者迷，旁观者清"，所以作为身在其中的企业家来说，一定要明白：自己忙一些虽然不是什么坏事，但一定不能把下属的事情都抢着做了，忙就要忙得有价值，累也要把累的价值放大到最大。

你的时间是有限的，体力也是有限的，那么就在有限的空间当中，去做更多有感召力，有影响力和带动力的事情。因此，我本人是不太愿意给某些企业做内训的，因为即使这个企业有 2000 名员工，也只是对 2000 人讲了，还不如对 200 个企业家讲，这些企业家所感召和决定的员工人数可能是 20 万人，甚至 200 万人。

> 领导心得
>
> 企业的创始人是企业的创家之长，但不是永远的家长。

这一点是非常重要的，为什么？很简单，在一个家庭当中，家长不可能永远庇护自己的孩子，你也不可能永远活在这个世界上，所以家长必须传授给孩子各种生存的技能，孩子才能健康成长。企业家也是一样，你不可能永远领导这个企业，你迟早都要离开这个家，并且最终都不再回来，所以很多事情你即使累习惯了，也要让更多的人去做，让更多的人去分担。

只有这样，当有一天你不在的时候，你的企业也能存在；你只有把死亡看得离自己越近，你的企业才能活得越长；你只有把自己看得随时都会重新来过，你的企业才会随时走向正规，走向长久，走向持续。

正因为我明白了这一点，所以我在每一次的世华智业集团总经理会议上都会强调，世华智业集团的重要管理职务每届只能任 5 年，而且最多任两届，两届之后必须换人；同时，必须在第二个 5 年当中，一定要培养出接班人；如果一个总裁没有培养接班人就交了班，那将是他的耻辱，也是世华智业集团的耻辱。

所以，如果你累习惯了的话，就要想办法如何放大"累"的价值和意义？累，为什么累？它的意义何在？任何人的精力和时间都是有限的，谁也不可能在有限的时间里独立处理好所面临的一切事务。

自检

（1）我既然已经累习惯了，我如何累得更有价值和意义呢？请自己列举觉得累的会比较有价值和意义的事项？

_____

_____

_____

（2）请检索出最重要的三件事是什么？我将如何做让自己解放，团队成长，企业重生呢？

_____

_____

_____

总裁教练姜岚昕老师认为：

企业的创始人是企业的创家之长，但不是永远的家长。因为他迟早要离开这个家，并且最终都不再回来，所以很多事情即使累习惯了，也要让更多的人去做。只有这样，当有一天创始人不在的时候，企业的血脉才能得以延续。

请写下您的阅读感悟和即将践行的计划

我们已经知道了累的原因，我们如何不仅不累，而且能够让更多人获得成长。企业的成败有无数个因素，但一定离不开一个因素——人！

可以说个人与企业的关系，如同水与舟的关系，水可载舟也可覆舟，如何使公司的人力资源成为助力，而非阻力，便是每个管理者必须要思考的问题，其中主要的功夫便是"有效管理"。

何谓有效管理呢？管理牵涉到管理者和被管理者的互动关系，当管理者有一个想法（称为领导意图）向被管理者发出时，如果被管理者接收并依照管理者的意思去行动，这时称为成功；当被管理者不愿意配合时，便是管理失败。例如妈妈要求小孩关掉电视，回房间写作业，小孩如果听话关掉电视，回到房间，便是成功的管理，小孩如果耍脾气继续看电视，或和妈妈抬杠，便是失败的管理。

可是回到房间后如果没有认真读书，这时只是成功一半，仍然是无效管理；如果回到房间后认真读书，并且达到预期的目标，这才称为有效管理。所以有效管理必须包含两个层次，一是依照管理者意思产生行动，二是达成最终的结果或目标。可见，只有有效管理，才会产生价值；也只有有效管理，领导才能真正解放，企业获得重生。

下篇

领导解放　重生真经

第十一章　持续大量地培养接班人

> 思考
>
> 谁能笑到最后，谁能活得最久？企业长青的关键是什么？
>
> 企业的发展后劲又在哪里？

一个企业，如果它的中高层没有充足和完善的人才构架，其结果就是停止不前，最终沦为消亡。而一个要想有所作为的企业管理者，如果一开始经营公司就陷入"忙"的境地，那么最后等待他的就是"心痛"，甚至"心死"！如果一个企业要想发展，却没有足够的后续人才梯队，那最后的结局只能是倒闭！

◆ 企业培养接班人任重道远

在开始这一节的内容前，我想首先问读者两个问题。如果哪个读者能回答好这两个问题，说明你对企业的持续发展有明确的认识；如果你对这两个问题不能肯定地回答，那么即使你的企业有一些成功，那也是很盲目的。这两个问题就是：谁能笑到最后？谁能活得最久？

看了这两个问题，想必各位读者都明白，那些能够笑到最后，能够活得最久的企业不一定是现在最赚钱、品牌最响亮和利润最高的企业，也不一定是规模最大的和增长速度最快的企业。那到底是什么样的企业才能真正的笑到最后，真正的活得最久呢？在回答这个问题之前，我先跟读者分享一个真实的故事。虽然这件事过去很久，但每次回想起来，依然让我内心充满紧迫感，相信读者朋友看了也会有切身的感受。

哲理
感悟

紧紧拥抱

2007 年 5 月 1 日到 5 月 7 日，我们在杭州举办了一次为期一周的高管培训，有 87 位优秀的世华智业集团同仁参加了这次培训。

在培训开始的前一天晚上，我把主持人叫到身边，告诉他明天早晨的时候我们要策划一个另类的培训，到时候让他宣布。什么样的培训呢？就是告诉大家我因为积劳成疾，得了重病，被送到医院，医生告知至少需要住院六个月以上的时间，重则就说不上来了。然后让他看看所有同仁有些什么反应和表现。

第二天早上，主持人面对 87 个同仁一宣布，所有同仁都懵住了。整个会场静悄悄，一根针掉下去都能听得见。其实那个时候，除了主持人和世华智业集团另外两个高管知道实情以外，所有高管都不知道我根本没有生病！我的目的很简单，只想让世华智业集团所有人都明白：我曾经以家长的责任为大家做了很多，我做的这一切，也许协助到了公司的发展与壮大，可正因为如此，在世华智业集团成长的过程中，大家对我的依赖太多，如果有一天我没有了时间，更没有了精力去为大家提供服务的时候，世华智业集团还能不能活下去？活下去后，该怎么持续，又靠什么基业长青？

就这样安静了有一分钟左右的时间，不知后来谁带头哭起来，然后整个现场立刻就是哭声一片。后来，有同仁要离开会议室去医院看我，知情者之一的夏伟（当时还是世华智业集团华东区总裁）把同仁堵在门口，说："现在姜老师需要的不是你们去看他，而是我们该怎样做，才能让世华更好地继续下去，甚至比姜老师在公司的时候更好。"同仁们听了，带着坚毅的眼神，一个一个上台发言，表明自己的决心，以及给出自己如何做好的措施。最后所有同仁都聚在一起，围成一圈，手握着手，不断为自己，为世华智业集团，更为我加油。

就这样持续了两个小时的时间，主持人才宣布我没事。当我出现在会议室门口的时候，所有的同仁都异常激动地列队鼓掌欢迎我回来。我记得见到的第一个人是当时郑州世华的销售总监，当时他把我紧紧地拥抱着，说："姜老师，你终于回来了。"

就在那一刻我受到了前所未有的冲击和震撼，我问了自己几个问题：如果今天我真的倒下了，我的团队会是什么情形？我的企业还能持续多久？如果我真的倒下了，世华智业集团是树倒猢狲散，还是更有凝聚力？如果我真的倒下了，我的团队是马上内耗，还是众志成城？

当我发现自己不能肯定地回答这几个问题时，我的心头一颤，我觉得今天的成功是盲目的，今天的持续是短暂的，今天的繁华只是一种表面的景象，根本不具有后续力。我想了很多，最后我走上讲台告诉同仁："这个插曲并不是我要戏弄大家，我只是想让你们明白，在企业发展的进程中，最大的灾难就是对灾难没有任何的预感，或者没有经历过灾难。没有预感灾难的团队，当灾难降临时肯定是措手不及，没有经历灾难的团队，必然在灾难面前不堪一击，所以，从现在开始，我希望你们不要对我做任何的依赖，而是自我进行成长，走出依靠能人的发展模式……"

经过这次培训，世华智业集团的团队变得更具向心力和凝聚力。但是通过这次培训，也让我感受到了世华智业集团人才的后继培养问题的严重性。此时，我也想问问亲爱的读者朋友，如果有一天，你所在企业的核心人员都走了，你的企业会受到影响吗？甚至如果有一天，你自己倒下来了，你的团队会是什么情形呢？你的企业还能持续多久？是树倒猢狲散，还是更有凝聚力？是马上内耗，还是众志成城？如果你不能肯定地回答，那你

今天的成功就是盲目的，你今天的赚钱只是短暂的，你今天的胜利也是表面的繁华，根本不具有后续力、持续力和生命力。

因此，企业管理者的首要任务就是如何未雨绸缪地培养出更多优秀的接班人，这是确保企业基业常青的百年大计。难怪柳传志深有体会地说："以我办联想的体会，最重要的一个启示是，除了需要敏锐的洞察力和战略的判断力外，培养人才，选好接替自己的人，恐怕是企业管理者最重要的任务了。"?

> **领导心得**
>
> 那些能笑到最后，活到最久，不是现在最赚钱的，商业模式最好的，资金流最充裕的企业，而是看谁舍得持续培养更多的接班人。

企业基业长青的关键是保持优秀接班人的连续性！企业发展的后劲在于培育接班人的力度和速度。所以，你舍得花时间、花精力培养接班人吗？你舍得在人才上投资吗？

模范与领袖最大的区别是什么？模范只是做好自己，而领袖则是培养更多的接班人，世华智业集团需要模范，但更需要领袖。因此，2007年的这次培训之后，我就做了三个重要的决定，这三个决定对世华智业集团后来的增长和未来的发展具有不可估量的巨大价值和意义。我想如果读者也能把这三个决定加以转化和使用，也会给你带来更大的收益，你们想不想知道呢？我已经迫不及待地想要与你们分享了：

第一个决定：专门买一层楼，什么事都不做，专门培养公司的接班人。

第二个决定，成立世华智业集团长青学院，作为一个专门的机构来推行实施接班人的培养，专门培养世华智业集团的接班人，并且从北京华夏管理学院专门拿出一栋楼用作接班人培训基地。

第三个决定，把"培养接班人"的计划列入《世华基本法》中，作为一个永不改动，而且持续践行的规则。我是这样写的："世华智业集团的晋升理念是'没有接班人就不能晋升，要想晋升就必须有接班人'，中高层任职与再晋升即使符合所有规定的标准，而能否上任是以有没有举荐并培育好接班人为最终判定标准。"总之，所有人员的晋升都必须有接班人。

在接班人培养的问题上，国外商业社会的历史远长于我国，很多优秀的国外企业都已形成规范的接班人计划管理。例如 IBM 的"长板凳计划"。

经典案例

长板凳计划

IBM 是一个能够培养"将军"和"元帅"的地方，这个企业的"人才新干线"就是为了全方位打造企业领导力的后备军而设的。IBM 后备力量的发展是从两个基本层面着手的：一个是从 IBM 中国四千多人的同仁队伍中选出 15% ~ 20% 的有突出表现和发展潜力的专业人才；一个是领导梯队，通过"长板凳接班人计划"确任每一个关键性职位的未来 3 ~ 5 年的接班人。并有针对性地制订培养计划。

这个"长板凳计划"是指，IBM 每个主管级以上的人在上任伊始，都有一个确定接班人的硬性目标需要完成。主管级以上的人需要确定，自己的位置在一两年内由谁接任，三四年内谁来接，甚至你突然离开了，谁可以接替你。主管级以上的人确定接班人的目的是发掘出一批有才能的人。

每年 2 月，IBM 中国会要求每一个重要职位都提供他的接班人，第一期是谁，第二期是谁。然后人力资源部的负责人会和 IBM 中国的 CEO 一起，结合 IBM 其他区域甚至总部的接班人计划，来决定接班人在新的一年内的培养计划，作为未来升迁的考虑和依据。每年 IBM 大中华区人力资源部和 IBM 大中华区 CEO 要讨论的接班人数量由 40 多位。

IBM 人力资源部为这些明日之星提供的良师益友就是公司里的资深同仁，可以是在国内，也可以是在国外，有些类似国内工厂里的老师傅传、帮、带新人，把老人数十年的功力传承下来。

"长板凳"计划执行的基础是找出具有接班人潜质的优秀人才，这个流程在 IBM 有一个名字叫发掘新星 DNA。如果明日之星的"DNA"、需要用另一种工作去擦亮，这时候 IBM 就会给他提供"换跑道"的机会使接班人的视野更高、更宽一些，即通过转岗增加其他经验。

IBM 对于人才梯队的培养可谓不遗余力。在 IBM 中国公司，每个人每年的人均培训费用在 3000 美元左右。当然，这还不包括公司内部良师益友的付出。

正因为有足够大的接班人备选池，IBM 才能确保公司后备管理层不断裂，也才能不断培养出优秀的高层管理人才。

正所谓"凡事预则立，不预则废"，接班人的选择和培养宜早不宜迟。企业的未来不可能完全由今天的管理者带到目的地，而是要靠未来的管理者。当然，一个接班人计划要想取得成功，必须和整个企业的人力资源战略、组织发展等相吻合。此外，接班人计划的存在并不能保证培养对象一定会被提升，但是这点非常容易被曲解，需要让培养对象明确这一点。再者，接班人的挑选标准既需要有一定的一致性，但又必须因岗位需求而有一定的弹性。比如说负责市场方面的高管和负责人力资源的高管的素质要求就会有所不同。

需要特别指出的是，企业要想基业长青，除了培养选拔高层管理岗位的接班人，还需要一大批能征善战的中低层管理人才。企业管理应是一个金字塔结构，只有从塔底到塔尖，每一层级都有胜任的管理者，企业才有可能从优秀到卓越。后备管理层的断裂有可能将企业引向失败的深渊。20世纪 90 年代中期曾一度风光无限的三株集团就崩溃于后备管理层的缺乏。在这一点上，上述案例中的蓝色巨人 IBM 的做法就很值得我们借鉴。

所以说，企业接班人计划的成功，不仅仅取决于高层管理人才的培养和选拔，而是要真正形成有效的接班人制度，建立起从从底层到最高层的完备的接班人培养体制，把接班人计划作为一项持之以恒的长远战略，源源不断地再造管理者，然后，从好中选优，优中选杰出，确定接班人，才能真正培养选拔出优秀的接班人，形成从底层到高层连续不断的后备管理链，实现各层次人员更替的平稳过渡，确保企业基业常青。

自检

（1）如果作为领导者的你，今天倒下了，你的公司是树倒猢狲散，还是更有凝聚力？是马上内耗，还是众志成城？你真实的答案是你真心想要的吗？如何避免恶性的答案发生在你身上？

（2）企业造物需要造人，造人需要造己，你有什么造人的观念和措施吗？在未来的5年，你如何实施吸人、选人、用人、育人、留人的系列计划？

◆ 企业的人力资源为什么变坏了

作为一个管理者，我想先问你一个问题："你公司的中高层在选人用人的时候，是喜欢选用比自己强的，还是比自己差的？"不少企业家告诉我，当然是选比自己强的呀。我告诉你，这只是老总们的梦想，你永远都难以实现。

为什么？这里有两个原因：如果一个中高层的手下全是比他差的人，当领导说他不行的时候，他便可以用下面的人比他更不行来证明他的价值、证明他行，这样也会让他比较有安全感；同时，他会觉得只有所有的下属都比他差，他才能得到尊重，才能凸显出他是公司的宠儿，才能满足他的虚荣心。

如果一个企业用的都是这样的人，那这个企业的人力资源就开始变味了，你会发现企业当中总是找不到优秀的人才，优秀的人才总是留不住。因为优秀的人才在人才市场或者面试的时候就被人力资源给干掉了，或者是发现企业内部有人很冒尖、能力很强的时候立马故意就把人排挤走了。

> 领导心得
>
> 一个坏的中高层的招人原则：保卫原则、干掉原则、更不行原则。

那么，他这样做的目的是什么呢？他为什么要这样做？目的有两个：第一是减少自己的危险。因为下属越比他差，他就越好管理，同时企业也就越依赖他。实际上，当一个中高层的危险减少时，企业的管控危险反而会加大，两者成反比关系。第二个目的是破坏领导想要的，得到他想要的。领导者想要更多优秀人才来为他服务，而他想到的是保护自己，而要保护自己就要清除掉潜在的对手，要找一些更不行的人来证明自己很行。于是，在这样的中高层的管理下，整个部门的效率将会越来越低，一代不如一代。

一个部门被影响之后，又会产生连锁反应，影响到其他部门，从而影响到一个企业，为什么？首先就会导致各部门互不管。业务部门、销售部门、财务部门，谁也不管谁，谁也管不了谁，互相没有监督，也没有正面的带动。

如果一个部门出了问题，其他部门睁一只眼闭一只眼，发展到最后就变成了一丘之貉，于是便形成了"同盟军计划"。比如人力资源经理可能会勾结财务经理，为了减少他们的个人风险，或者减少别人对他们的一些威胁，两个经理当面一套，背后一套，受损的只会是企业的利益。一旦这些企业的中高层结成了"同盟军"，他们就可能联合"起义"，一起向领导、老板提条件，以获取更高的待遇或者更大的利益。于是，这些中高层的危险越来越小，而企业的危险却越来越大。

因此，我们必须进行中高层管控，想办法通过增加中高层的危险来减少企业的危险，从而达到企业的健康发展。那如何做呢？最简单的办法就是持续不断地培养接班人，要在企业内部形成一种"没有接班人就不能晋升，要想晋升必须有接班人"的思维，谁要想有更好的发展，想要获得晋升，可以，只要他能培养出接班人来接替自己的位置。否则的话，就继续在老位置上呆着。

内部选拔

我经常去上海开课，因此江浙沪一带有我很多的学员朋友。其中一个学员许总，在苏州经营着一家有多年生产经验的针织服饰企业。他是一个很喜欢学习，也希望让同仁得到提升的企业家。

为了调动同仁的积极性，让他们能够自动自发地努力工作，提升自己，许总可谓良苦用心。不仅为公司的同仁提供了一个稳定、良好的发展空间，公平、公正、和谐的工作环境，稳定有升的工作报酬及待遇，而且在平时还加强对同仁从理念、制度、方法等方面的引导，有效地挖掘了同仁的潜能，提高了同仁的主动性、积极性。

不仅如此，许总通过学习，认识到企业培养接班人的重要性。于是，他开始在企业内部实行改革，首当其冲的就是改变以往一个萝卜一个坑的现状，规定每个部门的负责人必须培养至少两个以上的接班人。自从实行这个制度以来，企业内部的工作氛围有了很大地改善，下面的同仁都积极主动地要求上进，参与学习，想要成为接班人；而那些在位的管理者既有了压力，又有了动力。因为要想不被别人取代，就得加倍努力，要想有更进一步的发展，就得培养出接班人。上下级之间也形成了互相帮助互相提升的氛围。

一旦出现职位空缺，他们首先采取的是内部选拔，那些对该职位有信心，有兴趣、有能力的接班人都可以提出申请。只要通过考核达到要求，就能获得晋升发展的机会。这样每个同仁就有了目标，有了奔头。

当然，为了帮助企业同仁尽快提升自己的能力，成为合格的接班人，许总在世华累计投资培训经费超过 240 万，不仅让他们参加专业培训机构的管理课程，还组织他们参与行业内的各种活动，让同仁了解行业的发展趋势。在开拓同仁眼界的同时，也提高了他们的专业技能和管理能力。

通过实施培养接班人的措施，不仅帮助企业同仁树立了自己的目标，让他们的能力在相应的岗位上得到发挥。更重要的是，同仁对自身在公司中的定位与发展通道有了清楚地认识，把自己的目标与公司的发展目标联系在一起，为公司的前进添砖加瓦。

所以，亲爱的读者朋友，你是不是也该行动起来，为企业培养更多的接班人。不过，在大多数企业当中，很多人都有这样的心态：既希望自己获得晋升；又不愿意下面的人超越自己，因而不愿意培养接班人。所以企业就要制订晋升标准，不仅仅是业绩上的标准，同时还要求他必须培养一个接班人，否则不能晋升。只有这样，企业的管理才能做到进退自如。

"进"，如果一个销售总监表现很好，企业把他提升为副总经理，而同时销售总监的职位能够有人继任，企业依然能够正常运转，能够收到一举两得、一箭双雕的效果；"退"，如果这个销售总监业绩懒散或者违纪、破坏了企业的规定，要被开除，这时，企业也会发现预备总监已经培养起来了，裁员并不会给企业造成巨大的损失。通过建立人才继任计划，不仅是在告诫现任经理，你不好好干，就可能被辞掉，后面有的是人在排队，给他压力；同时也在告诉预备经理，只要你好好干，一定可以转正，给他以动力，这绝对是非常有效的管理措施。

◆ 培养的接班人都是为国家做贡献

在世华智业集团，每年都会花很多时间和金钱去培养接班人。在这个过程中，有很多人问我为什么化那么多时间精力代价来培养接班人，我觉得原因很简单，就是培养的接班人越多，我就越安全；培养的接班人越少，就越危险。因为企业真正的强大在于培育接班人的力度和速度。培养接班人的力度越狠，速度越快，企业的发展就越健康、越持久；培养的接班人力度越大，速度越快，接班人就出现的越多，就能为未来企业的扩张奠定坚实的基础。

在我看来，一个企业到底能不能真正的强大，能不能健康的发展，有三个最重要的关键：

第一，商业模式。一个企业的商业模式决定了这个企业是否赚钱，是否有赢利。

第二，充足的现金流。再好的商业模式，如果没有现金流的支撑，那也只能是空中楼阁，迟早有一天会坍塌。

第三，有大量的接班人。如果一个企业在没有足够接班人支撑的条件下就盲目扩张，那扩张的越快，死的越快。

然而，很多的企业家在制定企业的目标时，第一定的是营业额，第二定的是净利润，第三定的是增长率，唯独没有定人力资源指标，而我认为企业要定的第一个重要的目标就是人力资源指标。因为人力资源没有增值，哪有营业额的增加呢？人力资源没有提升，哪有净利润的提升呢？人力资源没有强大，哪有企业的强大呢？人力资源没有加强，即使营业额和利润增加了，那也是表面的增加，不具有持续力。

领导心得

没有后续优秀接班人支撑下的赚钱与强大，只是短暂、临时、运气、碰巧式的成功，跟持续无关。

但是，为什么还是有很多管理者不愿意培养接班人？我的很多学员告诉我，他不是不想培养接班人，而是培养的伤心了，因为培养的很多接班人都走了，所以，干脆就不培养了。估计读者中也有不少人有这样的想法。可是，你有没有想过这样一个问题：100个人培养好了，有50个人留下了，比100个人创造的价值还要大，你只发50个人的工资，你已经赚大了；如果这100个人，你都舍不得培养，那留下的都是庸人，不仅不能为你创造价值，还要给这100个人发工资，这样只会扼杀企业的成长，你的损失就大了。

在世华智业集团，我们就培养了很多的人才。很多人问我，你培养这么多人不怕他们跑了吗？我从来不担心这些人才走掉，原因很简单，因为我一直认为把人才培养好了，留在公司的为公司做贡献，离开公司的为国家做贡献。当然，有这样想法，并且这样做的不止我一个人，在我的学员中，河南万果园实业集团有限公司的董事长田然和他的妻子黄玉清总经理就是这样的企业家。

作为党员的田然多次被评为"中国优秀企业家"、"河南省十大创业之星"、"河南省再就业优秀个人"，而黄玉清则先后获得全国"三八红旗手"、全国"巾帼建功标兵"、"全国下岗女职工再就业先进带头人"等荣誉，并当选为第十一届全国人大代表。

这些荣誉对于他们来说，是实至名归。在他们的事迹中，有一点就很让人敬佩，就是他们十余年如一日地大量培养人才，尤其是下岗工人。十余年来，万果园累计安置下岗职工、农民工、大学生7000多人次。为了使吸收到万果园的下岗人员、农民工能有一技之长，他们又投资数百万元率先成立了万果园培训学校，为下岗人员免费举办培训班近70场，培训人数6000多人。在企业内部，他们还鼓励和扶持一部分下岗人员走上了创业之路，又为社会提供了2300多个就业岗位。

在田然和黄玉清看来，培养人才，安置下岗工人再就业是自己应尽的责任和义务。因为十几年前，他们就是千千万万个下岗工人中的一员，靠着政府和朋友的帮助，以及辗转借来的不足 9 万元钱开始了曲折的创业之路。他们明白找工作的不容易，了解创业的艰难。当自己的处境好起来的时候，就应该回报社会，为国家做贡献。而万果园培育的人才越多，就越能为社会，为国家创造价值。

他们回报了同仁，回报了社会，同仁和社会也同样给予了他们相应的回报。从创业之初的以量贩为主营业态到如今百货、购物中心、量贩、便利店多业态并举，万果园日益迸发出耀眼的光辉和空前的魅力，一艘商业航母正在雄势破浪前行。

真诚地希望有这样想法的企业家越来越多。因为我一直认为，作为一个中国人，能为国家多培养一些人才，能多帮助一些生命，多影响一些人，使更多企业获得增长，这是我非常快乐的事情。当他走的那一天，就是成全我的高度，拔高我的境界，升华我的灵魂，也是我生命中最享受的时刻。如果他走了，我心情不爽，说明我心胸狭隘，修炼的不够。

当然，除了在企业中培养接班人很重要，现如今很多民营企业家也都面临着选择自己接班人的问题，而接班人的选择和培养好坏直接影响着民营企业的发展，也间接关系到国家的经济形势。然而，"富二代"在不少新闻报道中都是负面形象，其实这并不在于财富的传奇或者八卦娱乐性，而是因为他们代表着权利和责任的转移，从而让普通人产生了对于这些含着金钥匙出生的一代能否承担相应责任的担忧。这也是当下社会火热的"富二代"话题的根源所在，具体到企业家身上，也都在为培养合格的接班人而迷茫，富二代的成长之路在哪里？对此，我觉得"富二代"们面临着不一样的环境和发展基础，需要通过参与国际会议学会专业，通过参与慈善活动学会社会责任，通过打造人际圈拓展事业根基。简单来说，就是专业、慈善和人际圈。

在经济全球化的形势下，不能再埋首局部的争夺，而下一代接班人面临更深入的全球化，真正的专业是全球化视觉中的专业。而国际级别的专业会议传递的通常是行业最新形势和发展趋向，多参加国际会议对认识企业所在行业状况和竞争形势有不可替代的作用。所以，亲爱的读者朋友，如果你是一位企业家，培养接班人要不惜重金参与一些国际级别的专业会议。

作为企业的领头人，"奉献"的理念对企业做大做强非常有帮助。企业的成功离不开社会的支持，与第一代企业家的最大不同是，"富二代"直接继承财富。更多更直接地回馈社会不但是企业道义所要求，更是培养企业家人生观的重要方式。至于将个人事业上升到社会事业，个人利益上升到社会利益，个人价值上升到社会价值，个人意义上升到社会意义，才能凝聚社会各界的力量，助推事业的成长。

领导心得

当一个人的心中越"无我"的时候，成就越无限；当一个人的心中越"有我"的时候，成就越有限。

人际圈就是能量圈，企业家的人际圈子往往能决定企业的命运。企业接班人光继承权利和财富是不够的，还应该注意培育自己的人际圈子，最好在巩固原有父辈圈子的同时，能进入父辈之外更高层级的圈子。因为圈子决定能量，能量决定平台，平台决定成就。

当接班人培养好了，企业的发展才能更好。所以，各位读者，作为一个企业家，不管是培养自己的接班人，还是培养企业的接班人，都要本着为国家做贡献的胸怀。如果你连这样的胸怀和境界都没有，你怎么能成就大业呢？这里我要送给读者四句话，相信你看完这四句话，一定会有很大的启发，这四句话是：

没有胸怀，哪有平台；

没有格局，哪有大局；

没有版图，哪有疆域；

没有大愿，哪有大业。

胸怀决定平台，格局决定大局，版图决定疆域，大愿决定大业，希望每一个读者朋友都具有这样的胸怀，这样的大局，这样的版图，这样的大愿。

| 自检 |

（1）你的企业每次在设定目标的时候，是不是焦点大多在营业额和净利润上？而你是不是忽略了首要和核心的人力资源目标？你的下一步怎么调试焦点而让团队能够良性发展，而不是短期获利？

（2）你所领导的企业如何让后劲越来越足？你又将如何复制更多优秀的接班人？如何架构一套复制接班人的培育体系，能支撑企业的长足发展和后续壮大？

_____

_____

_____

_____

总裁教练姜岚昕老师认为：

没有后续优秀接班人支撑下的赚钱与壮大，只是短暂、临时、运气、碰巧式的成功，跟持续无关。企业真正的后劲与强大，在于培育接班人的力度和速度。要想基业长青，必须保持优秀接班人的连续性。

请写下您的阅读感悟和即将践行的计划

第十二章 运用退、让、舍、给的智慧

> 思考 为什么企业进步非常缓慢？为什么获取结果非常艰难？为什么收益总是不令人满意？为什么拿到的绩效与预期差距甚远？

要想成为一个真正优秀的企业管理者，有四个字是你首先要领会到的。它们是我在十几年经营企业的过程中，所体悟出来的，能让领导运用于无形的四个字。此时此刻，我愿意倾尽所有和大家分享。我希望正在捧读此书的你拿出最好的状态，让我们产生最好的互动！这个四个字就是"退"、"让"、"舍"、"给"。只有学会运用退、让、舍、给的智慧，才能让自己真正获得解放，企业得到重生。

◆ 退

什么是"退"？如何去"退"？

退是进，退一步是为了进两步。

"知退"和"善退"是管理过程中不可缺少的艺术。适度退让，在许多场合都不失为一种争取主动、扭转时局的上策，也是管理者必备的谋略之一。知道进退、善于进退的管理者，才能运筹帷幄，妥善解决矛盾，使事物朝着有利于实现自己预期目标的方向发展。

以退为进，想想看，如果你培养更多的管理者，你就可以当总经理了；如果你培养了更多的总经理，你就可以当董事长了；你培养更多的董事长，你就可以当董事局主席了。你能退吗？你能退出 20% 的股份，等于就激发了 20 个人为你奋斗的决心！你舍得退吗？所以，我送给你三个字——退是进。

很多人就是不懂得"退"，你要那么多的东西是没有用的。当你往后退的时候，实际上你给了团队成员更多的机会，给了他们更多的空间和更大的可能。如果你一直站在一个讲台上，那么就没有人再能站在你这个位置了。可是，当你往后退一步的时候，就会多一个人可以站在那里。你往后退得越多，就会有越多的人站上来，来支撑这一块空间，来吸引更多的观众、更多的合作伙伴。

哲理
感悟

世界级杰出的经营之神松下幸之助是世界著名的松下电器公司创始人，他一生坚持以自己的善意安身立命、为人处世，严格遵循商业道德，从不乘人之危，因此获得了广泛的赞美。

松下幸之助曾经讲过："当我有 100 个员工的时候，我站在最前面身体力行，做个领军人物；当我有 1000 个员工的时候，我站在他们中间，给他们摇旗呐喊；当我有 10000 名员工的时候，我就站在他们的身后，为他们加油，去推动他们、帮助他们、协助他们；当我有 10 万名员工的时候，我即便想在后面推动他们、协助他们，我也力不从心了，我唯一能做的只是双手合十，向我的员工膜拜，像拜佛一样虔诚地去帮助他们，成就他们，协助他们，为他们服务。"

松下幸之助是这样说的，也是这样做的，正因为如此，他才能做成那么大的企业，才能获得"经营之神"的称号。

所以，如果你也想把企业做得更大，就要懂得如何"退"。而要做到这一点，每个企业的领导人就要放大自己的心胸。因为作为企业经营者，你退，则企业前进得越快。你的退会使你博取人心，会有更多的人和你一起促进企业的发展。因此，各位读者朋友，你一定要学会"退"。你可以先从职务上往下"退"，给更多人机会和空间，给更多人奖励和好处。未来一起共享，才会拥有更大的世界和舞台。

◆ 让

让是取，"让"得多，才能"取"得多。

什么叫让？讲一个我亲身体验可能让你更容易理解的故事。我到各地演讲，下雨天坐飞机，乘客不想被雨淋都想快速登上舷梯，争先恐后一起上，结果谁也不让谁，堵在舷梯口谁也进不去。这个时候，如果我跟对方说"您好，您先请"，对方就不好意思了，说"您先请"，我就可以跟他说声"谢谢",就先进去了。

这就是"让是取"的哲学,"让"的目的是为了"取"。当你在让的时候,就会引发对方同样让,你会取得更大的结果和更大的空间。

如果我们互不相让的话,每个人要排很长的队才能上去。实际上,礼让的时候,你也在引发别人礼让;争抢的时候,你也在引发别人来和你争抢。如果在企业里什么都要争,它将会让内部纷争不断,这样怎么可能让企业快速增长呢?

> 领导心得
>
> 为"小家"成为小企业家,为"大家"成为大企业家。

世华为什么能有今天的发展?因为我从来都没有把世华智业集团当成我自己的企业,而是把它当成大家的企业。在我心中,我一直都明白:为"小家"成为小企业家,为"大家"成为大企业家。所以我才会把那么多的股份让出去,在配股仪式上,那些没有达标的同仁,我也把他们叫上台合影,而且还给他们起了一个很好的名称——预备股东。只要他们真正地为企业付出,为企业创造成果,第二年的配股名单上就一定会有他们的名字。

在世华智业集团,物质上的奖励仅仅只是一部分,我还在精神上对那些作出突出贡献的同仁进行表彰。物质和精神双管齐下,才能推动更多的人为我们分忧。

经典
案例

你舍得"让"吗?

从 2007 年开始，每年十一，世华智业集团都会举办"世华精英荣誉表彰大会"，表彰那些为了世华而无怨无悔地贡献自己的青春和精力的同仁，公司会为这些做出突出贡献的优秀同仁颁发"感动世华年度人物"的奖项，这是世华智业集团精神表彰的最高荣誉。每一个获奖的同仁都感动得流泪满面，回到公司后，无不更加努力地工作，更加用心地付出。

原煜是我的文字助理，他毕业后不久就来到世华。刚来公司的时候，他担任学习顾问，但一开始他状况不是很好，虽然他很努力很付出很敬业很投入，但是他的业绩始终不太好，可他是那种爱护公司并能与公司融为一体的人，是不自私能为团队着想的人，而且也是随时随地焕发热情的人。他可以带动每一个同仁，私下也从来不说负面的语言，在公司一直都是积极正面，肯于付出的，所以公司一直留用他。

正是因为看重他的付出，世华举荐他做我的文字助理。我的演讲排的非常满，每次讲课需要调用的文字图片很多，但他几乎很少出错；每次出去谈判，需要的资料他都帮我准备的非常齐全。我经常工作到很晚，早上又要很早起来。然而光是有一点就让我异常感动，那就是他每天睡的比我晚，起的比我早，一年365天，天天如此。

因为原煜的突出表现，他连续两年获得"感动世华年度人物"的荣誉，三次获得世华智业集团的股份。获得"感动世华年度人物"称号的同仁，都可以把自己的父母亲人接过来，一同感受那神圣难忘的时刻。然而，记得他2008年他第一次当选"感动世华年度人物"时，他的父母因为有事没能来到会场，事后我专门坐飞机，又坐几小时的车来到他家，为他父母送上鲜花，并向他的家人致谢，因为他们为世华智业集团培育了优秀的人才，最后我向他们鞠了三个躬，他的家人感动得热泪盈眶。临走时，整个村子里的人都围过来为我送行。

此后原煜比以前工作更努力、更付出。只要是他负责的事情，无论多么困难，他都想办法解决。

如果你也能够舍得"让"，把更多的物质和精神奖励给优秀的同仁，那些为你公司做出贡献的同仁才会对你忠贞不渝，也就不会总想着离开你了。

对于与我合作的客户，我也是本着"让"的思想。我在全国范围内与很多人合作开过公司，每一次，我都会考虑到公与私的利益平衡。每到一个公司，都是我请客买单。我从来不在那些公司报销，这是我对自己的一个要求。我想我这样做的时候，每一个与我合作的人，他们会感觉到，我不会和大家斤斤计较。因为我只会让别人占便宜，不会让他们吃亏。只有当对方的心理能够平衡的时候，双方的合作才会愉快，才会减少摩擦，才会增进合作的动力。愿意与你合作的人越多，为你创造的价值就越大。

我常对人说，"吃亏是福"，因为当你吃亏的时候，所有的人都知道你是一个敢于吃亏的人，都愿意和你打交道，就不害怕你了。你就吃一次亏，却赢得了好的口碑，赢得了别人未来和你合作的机缘。假设你不愿意吃亏，并且老是想法占别人的便宜，这样一来，你就有了一个负面的广告，大家都会说：永远不要和这个人打交道，这种人不可以合作，因为他处处想占别人的便宜，他处处想从别人那里获得什么，没有一种合作的精神与态度。

如果你不具备这种"让"的精神，你未来将失去很多的机会。另一方面，如果你老是占别人的便宜，并且遇到了小人的话，这个小人心中不满，他为了报复你，就会来找你麻烦，祸事也就从此而起。如果你没占别人便宜，即便你遇到了小人，他也不会来报复你，因为占别人便宜的应是这个小人。你在这个过程中吃了亏，而这本身就是一份福报。所以，各位朋友，往往你"让"的时候，才是你"取"的时候。

> 自检
>
> （1）在复制大量的接班人后，如何让管理者退，团队能够更
>
> 好的进？其具体的步骤和计划是什么？
>
> ....
>
> ....
>
> ....
>
> ....
>
> （2）当接班人不断涌现的时候，如何能够继续凝聚所培育的优
>
> 秀人才？如何实施以让为取的策略，让团队变得更加强大？
>
> ....
>
> ....
>
> ....
>
> ....

◆ 舍

舍是得，有舍才会有得。

何谓"舍"？在我们的语言习惯中，"舍"与"得"经常是连在一起
用的。舍得，舍得，不舍不得。"舍"就是"得"，小舍有小得，大舍则大得，
不舍则不得。所以，管理的学问不是如何去"得"，而是在于如何去"舍"，
学会了"舍"才懂得了"得"。

　　如果今天你不舍，明天你怎么能够得到更多呢？这就是"要想取之，必先予之"。可是，世人常常只想取之，不想予之，只想得，不想舍，贪得无厌，最后的结果是失去更多。"舍"是"得"的前提，敢"大舍"的人才能"大得"。

你敢"舍"掉自我吗?

哲理感悟

　　一个人出门办事，跋山涉水，好不辛苦。一次，他经过险峻的悬崖，一不小心，掉到深谷里去。这个人生命危在旦夕，双手在空中攀抓，刚好抓住崖壁上枯树的老枝，总算保住了生命，但人却悬荡在半空中，上下不得。正当他进退维谷，不知如何是好的时候，忽然看到慈悲的佛陀，站在悬崖上，慈祥地看着自己。他如同见到救星一般，立刻请求佛陀说："佛陀！求求您慈悲，救救我吧！"

　　佛陀慈祥地说："我救你可以，但是你要听我的话，我才有办法救你上来。"那个人忙说："佛陀，到了这种地步，我怎么敢不听您的话呢？随便您说什么，我全都听你的。"这时佛陀说："好吧！既然这样，请你把攀住树枝的手放下！"那人一听，心想，把手一放，势必掉到万丈深渊，跌得粉身碎骨，哪里还能保得住性命？因此更加抓紧树枝不放，佛陀看到他执迷不悟，只好离他而去。

一生中，很多人最舍不得的就是这个"我"。很多管理也是如此，心中只有"我"，抓住权利不放，事必躬亲，这样他能不累吗？更为严重的是，舍不下自我，将大大阻碍企业的发展壮大。敢舍愿舍，就像这个人松开树枝，解脱自我，那么他就得到一个新的"我"，这就是"舍得"的智慧。

如果你到现在对同仁舍也舍不得，退也不愿意退，让也不想让，我告诉你，你的同仁会流向三个方向：

第一，去你的竞争对手那里工作；

第二，直接在你的公司造反；

第三，自己出去另立山头。

因此，卓越的管理一定要懂得授权，因为在你"松手"舍弃"自我"的一瞬间，在你做到了一般人都不敢大舍的举动之后，你提升的是自己，达到了另一种高度，同时也成就和成全了下属，进入了另一种帮助别人成长的境界。

"舍"不仅仅是对同仁舍得，还要对整个社会舍得，因为你的财富取自于社会，也一定要用之于社会，这样你才能得到社会各界的支持，你未来的路才能越走越宽。

领导心得

把钱舍得用在慈善事业上，你得到的将是同仁的向心力，客户的支持率，股东的自豪感，以及社会对你的认可度。

记得 2007 年我成立"岚昕大爱基金"，开始从事公益慈善事业后，整个集团内外都引起了巨大的反响。很多人愿意来世华智业集团上班，他们告诉我，他们之所以来世华智业集团就是冲着世华智业集团的大爱精神，觉得在这里工作有一种崇高感；很多同仁的父母亲人也非常认可我们，他们让自己的孩子在世华智业集团好好工作，因为他们认为我即然对陌生人都充满了大爱精神，对于自己的同仁更加不会亏待；很多客户也对我说，他们非常愿意支持我，来上我的课程也是间接做了慈善。当你的客户不再是跟你做商业上的交易，他觉得支持你是一种快乐的时候，那你所有的业务都会变得简单而有持续力。

哲理
感悟

活着，真好

2008 年 5 月 12 日 14 点 28 分，全世界震惊的时刻！

四川省汶川县，也许过去大家并不知晓的地方，在顷刻间，引起了全世界的关注，感到心痛的是因为地震带来了多少不幸，感到欣慰的是在不幸中又收到了多少真爱……

那个惊险的时刻，我正在西安演讲，当时我正在用心投入的讲一句话"我们今天的成功，不是自己武功了得，而是对手自废武功，才给了我们成功的机会"。突然听见有学员说："姜老师，灯怎么在晃？投影仪不稳了？楼也在晃？"随后我感觉到楼层剧烈的左右晃动，紧接着就有学员在喊："姜老师，地震了，我们赶紧跑！"当我们一起跑到宾馆附近的广场时，短短五分钟的时间，广场就围了三、四千人，恐慌中带着惊喜，相信那一刻都活明白了：活着，真好！

我经常想：如果地震中我被压在废墟中，我愿意用多少钱、多少物品、多少时间、多少精力、多少……来换取生命的存活？答案是无数，倾其所有！而上帝的恩赐让我平安如常，我应回应上天的偏爱。虽然与很多有爱心的大企业家相比，我在物质上不够有力，但我有仁爱之心，我要用心倾尽全力，尽我应尽之责。

随后跟同仁做了一个短暂的分享，我说："生命随时都有可能发生意外，我们要珍惜当下的每一个时刻，以及那个时刻的人和事。当我们直面与体验死亡的时候，我们才能更深刻的活着，当我们冲出那个房间的时候，死神告诉我们可以放下一切……我们不再计较成败得失，更不会怨天恨地，刹那间，让每一个人学会了更感恩、更宽容、更珍重、更向往、更会爱……

地震发生不久，我第一时间代表世华智业集团和"岚昕大爱基金"共捐赠512万元，帮扶多所学校恢复重建，资助数百名学生完成学业，并撰写《中国不哭》和《中国加油》，各首印2万册，同时拍摄《信念的力量》，共制作10000套，专门用于支援灾区人民重建心灵家园。汶川地震周年纪念日，我又带领100多名高管前往重灾区北川县、三台县再度捐赠280万元的教学设施及物资。

正是因为胸怀这样的"舍"，2009年，我又捐款200万在河南成立"岚昕助学专项基金"，用于支持河南省的教育事业，同时在河南捐赠120万元建立世华小学和捐赠200万用于华夏始祖黄帝故里的建设。在陕西，捐款1000万成立"陕西世华大爱教育基金"，为受灾严重的陕西城固水磨镇捐赠123万修建一所小学。与中国扶贫基金会合作，成立"世华大爱基金"，用于中国的扶贫事业。2010年初，与中国妇女发展基金会合作成立"华夏教育基金"，创办华夏管理大道社会责任论坛，自捐和募捐超过500万元，专门用于妇女儿童的救助。2010年4月14日，青海玉树又发生了地震。地震的第二天，我们就安排人买了300套被褥，拉了两车送到玉树。又在第一时间感召世华智业集团同仁捐款11万，公司和学校又捐了300多万。当云南发生特大旱情时，我又捐赠60万元用于当地的抗旱救灾。2013年雅安地震捐款100万元，我感召爱心企业家捐款超过1500万元。2014年8月，云南鲁甸地震，我带领世华智业集团首期向灾区捐赠50万元……

我的慈善事业不会停止，它会伴随我整个人生。在做慈善事业的过程中，我从来没有想过要得到些什么，然而，这些年我却得到了许多许多，这就是"舍"的最大回报。各位读者，你要那么多钱干什么，你把钱存在银行，还不如存在另一个特殊银行，这个特殊银行带给你的远远要比你在普通银行得到的利息多成千上万倍。你想不想知道是什么银行，如果你也能把钱存在这个银行，相信你得到的将会远远超过你所存储的。这个银行就是"因果银行"。

为了你的团队，你愿意"舍"；为了帮助更多人，你也愿意"舍"，我相信你的企业一定会大得，因为种善因得善果，种恶因得恶果，善恶本一念之差，结果却是千差万别。

领导心得

果即因，因即果，欲求果，先求因，即因即果。

古人曾说过："积书予以子孙，子孙未必能够读懂；积金予以子孙，子孙未必能守住；积德予以子孙，子孙能够长久使用之。"一个企业家最大的成就不是自己拥有了更多的财富，而是帮助了更多的人拥有了财富；不是自己有多少部汽车，而是帮助同仁也能拥有自己的汽车；不是自己住进了豪华的别墅，而是你帮助了多少同仁解决了住房问题。想想看，当春节来临，你看到你的同仁都买上了房子的时候，你能够到他们家里过春节，这才是你最快乐的时光，才是最幸福的节日。因为他们的成就感就是你的成就感，他们的快乐感放大了你的快乐感，这才是人生的享受，这才叫做真正的企业家胸襟。

◆ 给

给是拿，先给才能拿。

管理者为什么要"给"？给与他们什么？我们知道，企业是依靠同仁来创造利润的，而要持久获得利润，管理者就要舍得从获利中分出相当一部分来给同仁，作为他们辛勤付出的奖励。那些只想自己赚钱而对同仁苛刻的管理者肯定不能获得持久的成功，适当的奖励措施，能让优秀的人才自动自发地把企业的兴衰与自己的利益紧密联系在一起，才不会对企业产生失落感，不会有"企业怎么发展与我没什么关系"的想法。

经典案例

有一年世华智业的两个高管都要结婚，一个星期六，一个星期天。他们说姜老师这两天都是您演讲的黄金时间，您就不用参加我们的婚礼了。我说演讲以后还有机会，而你们的婚礼只有一次，所以我一定要参加。我一直在想什么样的结婚贺礼送给他们

祝福新人

比较合适。这份礼物不仅要让他们难忘，而且还要有价值与意义。后来我

想到了一份特别的礼物。

他们是早期和我一起创业的两位元老，他们把自己的青春和精力都奉献给了公司，他们和公司荣辱与共，他们和公司一起成长，他们和我一起同悲同喜，他们为我分担了很多，现在他们结婚了，我内心无比的激动与快乐。在他们结婚的前一个星期，我就叫助理把我的车开到了西安，作为他们婚礼的头车。结婚前一天，我就飞到西安。第二天早上7点多就起床了，一直等到九点钟还没有人来接我。我就给助理打电话，问他为什么还没有人来接我啊？他说："姜老师，不急，婚礼中午12点才开始，我们11点半走都来得及。"我说：不行，你现在就安排车来接我。他说：怎么了？姜老师。我说：怎么了？我等不及了，怎么了！我现在就要过去。当我到达婚礼现场的时候，我站在门口，和所有的来宾握手，鞠躬，引位。

当婚礼开始的时候，主持人邀请我上台致辞，我说："首先感谢叔叔阿姨养育两个宝贵的生命，为世华公司产生了巨大的推动，我永远的感谢你们，以虔诚的心为你们鞠躬致谢。同时送上四束鲜花。第二，感谢所有的亲朋好友共同来见证这个美好而神圣的时刻，因为你们的参与，让今天的婚礼变的更加喜庆与欢乐。我代表所有世华同仁向大家鞠躬致谢。最后特别感谢的是两位新人，你们舍小家而成全大家，为世华事业一再推迟婚期，连拍婚纱照都一拖再拖，令所有世华人万分的感动；正是因为你们的付出和成全，而让更多世华的客户、同仁、股东和社会关联的生命受益，我要代表他们向你们虔诚地鞠躬致谢，两位新人感动的热泪盈眶。向新人鞠躬后，我深情地说：为了感谢你们为公司所做的贡献，在今天的婚礼现场，我代表公司送给你们一部新车，作为结婚的礼物。"现场响起了热烈的掌声。

很多人问我，公司同仁结婚，你给 60 多万礼金，值得吗？我说，"你把钱存在银行，只是涨一点点利息，用在这两位同仁身上，马上长的是业绩！作为管理者，一定要敢给，这些钱花出去是值得的。钱是种子，种在哪里，哪里长。领导要学会把钱种在'因果银行'。"如果你也和我一样，把这个钱种在下属身上，也能长出业绩来。所以，把钱存在"因果银行"，真正是一本万利的事情。你要是不想给，那你的"种子"迟早有一天会发霉变烂。持续下去，只能绝种。

然而，很多管理者在奖励下属的时候非常抠门，这是很麻烦的。管理者就是要给同仁种下希望，种子洒得越多、越大，反响就会越大，而同仁工作的积极性也会不断高涨；反之如果你不能给同仁种下希望，带米愿景，那么你就不是一个好的管理者，当然你也找不到"好下属"。

领导心得

大气，未来就产生大企业；小气，未来就是小企业。

中国有句古训"财散人聚，财聚人散"，所以作为管理者，一定要有这样的观念——"给"是为了"拿"更多。所以，不是下属拿不到结果，而是你给予他的吸引力不够，天下没有懒惰的人，只有缺乏足够吸引他的目标。如果你多奖励，他会充满动力；如果你一味要求，却不知道给予，他就会非常抵触。

一个优秀的管理者，不是死压任务，不是硬派指标，而是要给与他拿到指标的理由，拿到成果的驱动力，这才是一个管理者所要做的事情。因此，我们不是要分解目标，而是要去分解奖金；我们不是要派发任务，而是要派发奖励的政策，这样才会产生完全不一样的力度。当然，紧紧是给于物质上的东西是远远不够的，作为领导，还要给予团队爱，给予他们信任，给予他们发展的空间。

经典
案例

"给"是"拿"，先"给"才能"拿"。你愿意"给"，团队就愿意为你拿到更大的结果。我的一个学员李总，就是一位舍得"给"同仁的好领导。从与他的交流过程中，李总的大气给我留下了深刻印象。

李总是重庆人，没有高学历，也没有社会背景的他，一切都是从零开始。1994 年，不足 20 岁的他便只身前往北京，开始了艰难曲折的创业之路。一路前行的过程中，他一直坚信：狭路相逢，勇者胜！

李总从销售皮鞋开始。每天早上 6 点多就起床，晚上 12 点才休息，这样的勤奋和激情持续了 5 年的时间。苍天不负有心人，1999 年，他注册成立了自己的皮鞋品牌，专营中高档女鞋，开始打造自己的皮鞋王国。随着市场的打开，李总又在成都成立了一家占地达 20 余亩、工人上千名、年产值超亿的皮鞋生产基地。

在企业发展的过程中，李总始终不忘那些跟随他的同仁。他每年不仅拿出总利润的 8% 用于同仁的福利和培训，还拿出总利润的 7% 用于社会慈善方面。就拿员工成长方面来说，他投入到同仁培训成长的费用就达 100 余万，给同仁的奖金和福利更是达数百万。在企业周年庆典的时候，他将一直默默付出、日日夜夜为工厂打扫卫生的 50 岁阿姨评为企业"感动人物"，并奖励现金一万元。

在他看来，职务只代表岗位，岗位贡献好坏与职务大小无关，只要同仁在自己的岗位上做得最好，那就应该获得最高的荣誉和奖励。因此，只要是为企业作出过巨大贡献的同仁，李总都不忘给予他们精神和物质上的奖励。李总的"大气"让自己从企业生产这一块完全解放出来，有了更多时间去学习，去开拓更广阔的市场。

如今，李总的团队紧紧凝聚在一起，同仁忠诚度提高，工作热情得到了更大的激发；全国各地的经销商也敬佩于李总的为人，承诺要竭尽全力，将销量做到极致。

所以，各位读者，当你持续大量地培养接班人的时候，你马上要跟进的就是运用退、让、舍、给的智慧，我相信你的公司会不断地强大，同时你也能得到解放，驱动企业的重生，这才是真正的精神领袖。不仅如此，运用退、让、舍、给的智慧，让你不仅做好了现在，更是让你为未来做好了铺垫。既然运用退、让、舍、给能够产生如此巨大的价值，那就从这一刻开始，你能够真正地践行以退为进，以让为取，以舍为得，以给为拿，我相信你会进步的更快，得到的更多，取得更大的成就，创造更大的奇迹，同时也能成全、影响和造福更多的生命。

自检

（1）就企业现在而言，我在哪些必须"舍"？哪些逐步地"舍"？"舍"的排序层级是什么？其具体有效实施计划是什么？

_____

_____

_____

（2）就目前的心理状态，自我认定"给"的魄力够不够？"给"的方法妥不妥？我如何做一个大气的管理者，如何引发一群大气的团队，不予斤斤计较地共同去创造一个大的企业？

_____

_____

_____

_____

◆ 领导退，企业才能进

"手把青秧插满田，低头便见水中天。身心清净方为道，原来退步是向前。"是我非常喜欢的一首诗。诗的大意是说，农民拿着秧苗，一棵棵地去插，最后把整个田野都插满了。插秧的时候，头一低，就看到倒映在水里的天空了。当一个人的身心真正清净，不在浮躁的时候，他就能够丰富内在的涵养，提升生命的内涵。而且插秧之时，要一步一步地往后退，这样才能把整个田野都插满秧苗，到最后才能长成很多的稻谷，也才能够真正地拥有整个田园的收成。

其实，在企业当中，你也是一个插秧的人。如果你想把企业做大做强，让你的企业能真正地收获稻谷，就要舍得让自己往后退一退。你只有往后退了，才能把一棵一棵的秧苗插上去，它们才能够长出来，变成稻谷，你才能有最大的收成。

很多人就是舍不得退，你要那么多的东西是没有用的。我在世华智业集团内部一直倡导"以个人退公司进为指导原则，以局部让全局取为核心思想"的发展理念。正是因为我知道自己只有往后"退"的越多，公司才能得到更大的发展。2007 年开始，我就逐步将自己的股份配送给对公司做出卓越贡献的同仁，到现在为止，已经有 500 余位优秀同仁获得了世华的配股和升股。未来我还要给更多的优秀同仁转股、配股。我相信当我的股份减得越来越少的时候，我的权限退得越来越多的时候，整个世华就会进步得更快。

从 2001 年的 5 个同仁，到现在，发展成为 3000 多位优秀的同仁；从我一个人拥有 100％的股份，扩展为 500 余位股东。这些配股的同仁，一个个都比以前更努力地工作，比以前取得的成果更大，为什么？因为世华智业集团的命运已经与他们联系在一起了。那些没有获得股份的同仁，也比以前更努力、更认真，因为他们也想获得更大的进步，早日成为世华股东。四年时间，世华的结果验证了个人越"退"，公司越"进"；个人越"让"，团队越"取"；个人越"舍"，公司越"得"；个人越"给"，团队越"拿"！

如果总是你一个人或者几个人独占一块领地，最终无法把企业的价值放大，就如同无法让整个田地长满稻谷一样，当然也不可能有丰硕的成果。可是，一旦你往后退一步，就能多一个人站在那里，这等于是给了同仁更多的机会。你退越多，就有越多的人站上来，吸引更多优秀的合作伙伴。如果你不断地往后退，你会发现，有更多的人在前面走，这样做才更像一个优秀的企业家。在我众多的学员当中，博洛尼家居用品有限公司的董事长蔡先培也是这样一个敢"退"、敢"让"、敢"舍"，敢"给"的企业家。

经典案例

第一次见到蔡先培，他就给我留下了深刻的印象。从外表看，他根本不像一个75岁高龄的老人。从与他的交流中，我感觉到他充沛的精力和对事业的执着。

每个人到了75岁高龄，都会有自己的人生故事，其中酸甜苦辣咸，五味俱全。

而蔡先培蔡先生的人生经历，用"传奇"二字来概括，一点不为过。他50岁开始创业；65岁拿驾照，秀起车技来年轻人都要咋舌，一有时间开着车就从北京跑到三亚去；68岁时，他迷上了游艇，一帮企业圈里的大腕都参加过他的海上狂欢；他有一个自己的马场，他的汽车后备箱里总放着一套高尔夫球具，一有空就会冲到高尔夫球场里打一会儿；70岁时，他开始学习开飞机，他说那是他17岁时的梦想……

蔡先培缔造的品牌科宝·博洛尼，是为中高端公寓或其他住宅提供系统化整体装修服务的高级生活方式品牌。作为最具创新力和经济实力的国内家居旗舰企业，博洛尼要为客户提供一站式个性化定制的整体家居解决方案。所以，蔡先培对于专业的技术人员及管理和设计人才非常重视，对于那些做出贡献的优秀同仁，蔡先培丝毫不吝啬把自己的股份让出去。

如今，博洛尼的股权激励平台已经搭建完毕，初期将拿出 6.5% 的股份将进行股权激励，约合市值 6 亿元人民币。股权激励的对象范围是"20+1"，"20"指是博洛尼重要的高管，"1"是公司的中层，这些中层骨干人员就达 60 人左右。然后，根据他们贡献大小及对公司的重要性来进行分配。因为博洛尼是中外合资股份有限公司，个人不得直接持有博洛尼股份。因此，博洛尼在实施股权激励的过程中，将通过设立持股公司让持股对像间接持有博洛尼的股份。

正是因为蔡先培和总裁蔡明舍得把自己的股份让给那些优秀的同仁，愿意给他们发展的平台，让博洛尼的每一个同仁都看到了希望，同仁工作的积极性被带动起来，都愿意自动自发地在自己的岗位上负责任，共同为博洛尼的发展出谋划策。为此，蔡明带领核心高管团队多次参加我的系列总裁班，在我最高端的"总裁咨询风暴"的现场，向我征询与探讨关于文化与股改的整合方案。事实证明，蔡先培和蔡明的眼光和魄力是正确的。现在的博洛尼离成为中国家居服务行业第一品牌越来越近，而且正在逐步成为世界级的家居整体解决方案供应商。

现在，蔡先培有了新的目标，那就是：准备再干二十年，做二个科技园区，二个配套上市公司，二个中国自己的奢侈品品牌，写二本书，拍二部电影，做二个基金会（一个慈善基金会，一个创业基金会）。

真诚地希望蔡先培和博洛尼早日实现更高的目标。因此，你想把企业做得更大，是不是也要学习蔡先培和蔡明这种舍得往后"退"的精神呢？你的权力是不是可以下放一点呢？你的股份是不是可以让出一点呢？你是否能给更多人经营的权利、分红的权利、参与的权利以及合作的机会呢？如果你这样做的话，你的企业就像插秧一样，会插满整个秧田，未来获得更大丰收。要做到这一点，每个企业的领导人都必须把自己的心胸放大。

作为企业的领导者，你退，则企业前进得越快。那么我们应该怎样去退呢？我们又该怎样退得有效，为企业创造最大的绩效呢？我们如何能够赢得企业同仁最大的支持呢？我认为一个非常有效的方法就是股权激励。不过，不管你是把股份转让给优秀同仁，还是外面优秀资源的掌控者，或是转给目前给你企业带来巨大贡献的人，你都要有一个非常周全的考虑。

领导心得

对于领导者来说，要想使股权激励更有价值与力度，成为撬动团队创造奇迹的杠杆，务必要让其团队知道其股权所具有的有形与无形、直接与间接、短期与长期、物质与精神等双重价值，最好进行数字量化，使其成为一种备受珍惜的"稀缺品"，而千万不能让同仁觉得只是一项福利。

一直以来，我思考最多的事情就是如何能够转股、配股，如何能够吸引资源，能够以我的"退"来推动企业的"进"。经过不断的完善，以及我在世华智业集团内部实际运用所取得的一些成果，对于如何运用股权激励，有以下八大要素和六点建议。

1. 转股、配股需要注意的八大要素

（1）人员

什么样的人员才可以具备转股、配股资格呢？在制定同仁股权激励方案时，如何确定被激励人员是一个非常重要，也是非常敏感的问题。配股不是什么人都可以配的，因此在实施股权激励方案前，要给公司同仁发布一个公告，明确具备什么条件的人员才具备获取转股、配股的资格。

一般来说，股权激励的重点应限于公司的董事、高级管理人员，以及对公司未来发展有直接影响的管理骨干和核心技术人员。除此以外的人员要成为激励对象的，公司应该在备案材料中论证其作为激励对象的合理性。

（2）资格

具备什么资格才能转股、配股？

第一是年限。这是一个人来企业工作的时间，一般都以两年到五年为准。为什么要规定年限呢？因为它可以让别人知道制订这个规定的企业一定非常优秀、眼光卓越，绝不会亏待那些曾经为它作出贡献、忠心耿耿的员工。企业只要向两个老员工转让股份，就会被其他员工看在眼里，由此对企业产生信任。

第二，合作精神。为什么不先考察中高层的业绩、职务，而是考察合作精神？一个非常重要的原因就是，做股东和做员工的概念是不一样的，做股东必须具备一定的人格魅力。如果一个经理人品不行，没有很好的合作精神，从不为他人着想，那他的下属离心离德，辞职、跳槽在所难免，即使拿一样的薪水或者更高的薪水也不愿意跟着这个经理干了。如何考察呢？可以看看目标对象和同事、上司、下属、平级，以及和客户之间的关系处理得怎么样，你能给他打几分，同事和下属又能给他打几分，根据这些分值来确定他是不是具有被转股和配股的资格。

第三，绩效。如果这个人有很好的领导力，同时自己也能做出业绩的话，就能为企业带来更多的利润和业绩增长。

第四，职务。一个同仁想和公司一起走得更远的话，他对自己就要有一个要求：他必须晋升到经理以上的职位。也就是说，他不仅要做好自己，还要带好一个团队，这样就可以促进公司业务的增长了。

第五，团队总体贡献。作为领导者，他是不是愿意为整个团队作贡献，能不能帮助同事增长业绩，创造利润。至于怎样成就团队，就有很多方面了，比如说协助团队成长了，帮助团队做培训了。或者说，给团队提出了非常有创造性的建议，给团队提了很多改进的措施。这样的人，当然可以陪伴企业走得更远，而且可以成为企业的核心成员。考核的方法也有很多，比如上级考核、股东评分、人力资源部考核、公众投票等。

第六，事业忠诚度。其他方面再好，但是对企业不忠诚的人，也是不可能给他转股、配股的。只有忠诚于事业的人，才能在他的岗位上全力以赴，才能全身心地投入和付出，才能真正地引领更多的人去打拼，最终创造最大的业绩。

通过以上六个方面的综合评估，再由企业高层集体决定这个中高层是否具备转股、配股资格。

（3）比例

股权配置的比例包括两个方面：一是公司用于股权激励的股权的量占公司总股本的比例；二是有资格配股的同仁获得的股权数量。

股权配置的比例多少才合适呢？一般来说，不管企业属于什么行业、规模如何，发展到什么阶段，企业都必须对所授予的股权总量进行适当的控制。因为除了对优秀同仁进行一次配股以外，如果新老同仁有表现突出者，或者外界资源优质，也还可以进行二次、三次，乃至更多次的转配股。除此之外，还要给优秀的后备同仁留出一定的配股空间。

另外，管理人员个人股权激励预期收益水平，控制在其薪酬总水平的30%到40%比较合理。而且，高层、中层和一般骨干人员股权激励比例按照4:2:1进行设置较为合理。

（4）方式

你的公司选择的股权激励方式合适吗？有没有推动公司更好的发展？股权激励的方式有很多种，每个公司都应该选择适合自己的股权激励方式。通常来说，在公司的具体运作过程中，如果激励的对象是公司经营者和高级管理人员，期股、业绩股票和股票期权是比较好的激励选择；如果激励对象是管理骨干和核心技术人员等重要同仁，可选用限制性股票和业绩股票；如果激励对象是销售部门负责人和销售业务骨干，可选择业绩股票和延期支付的方式。

（5）价格

当公司确定拿多少比例的股份来配备之后，还要确定总股价和每股定价是多少。

股票价格可以根据企业净利润、增长率，以及未来的业务潜力，可以以年利润几倍，乃至十倍，甚至更高的进行溢价，再折合成每股价格是多少。还可根据企业有形资产、无形资产、固定资产、流动资产来进行总股价的定价，并找专业的评估公司来进行定价。

当然，根据转股对象的不同，股份的价格是可以完全不同的。如果转让给内部高管，可以根据其工作的贡献、年限，以及未来远期价值定价；可以以实际有形资产来定价，甚至折价，乃至有条件或无条件的赠送。

如果是上市公司的话，还可根据股票期权授予日当天的股票市价确定，可以等于、低于或高于这个市价，但差额最好控制在 5% 到 20%。另外，当激励对象要转让自己手中的股份时，公司有优先回购权。回购的价格既可以以转让日公司每股内在价值（或每股净资产）为定价基础，也可以双方谈判的价格为准。

（6）周期

对于转股的周期，如果是分红股，那么是签几年，才能分红？我建议各位读者，如果是分红股，最少要 2 年，最多不要超过 5 年。一年，时间太短；五年以后，则时间太长，因为在这几年当中，肯定双方都有一些变化。

如果选择股份期权作为激励工具，建议行权期不得少于 2 年，行权有效期不得少于 3 年。如果是限制性股份，则需要约定相应的限制条件：持股人必须在公司服务满一定年限，满足条件后可以以一定价格转让所持股份，退出持股计划；该期限可以根据持股人员岗位的重要性以及与公司发展的密切程度区别规定，短期可为 3 年、5 年，长期可为 10 年或以上。

（7）风险

你给同仁分红股，那么两年、五年之后，你们要不要续约？达到什么程度才可以续约？这些你都要有一个明确的要求。你给了他一个期望值的同时，也给了他一个约束。

另外，假设你给他的是注册股，可是一段时间之后，他要退股，不想做了，这种情况你怎么给他退？你要不要收回你配给他的那部分股份？要不要他再无条件地转让给你？这些都可以做个约定。又或者你们双方合作一段时间之后，他看上了更好的项目，或者你觉得他不适合与你一起做紧密式合作，这个时候，你怎么办？具体说，你可以在转股、配股之前，就约定好只许内部转股，不允许对外转股，或者转股时需要投票，需要确认一下到底用什么方式。这些都可以明确下来。

需要补充的是，如果配股同仁在配股以后，出现违法违规的行为，或者经济问题，或者严重违反公司制度，又或者配股后，他的表现反而下降时，你如何把股份撤回来。总之，就是你在转股和配股之后，有什么担心，这些担心要用什么措施解决，在此你都要提前和律师把这些措施明确下来，而且都要是书面文字的形式。

（8）步骤

具体说来，股权一般包括两种形式：注册股和分红股。注册股需要到工商局去注册，才能生效；分红股双方需要签约，到一定的时间才能进行分红。而实施股权激励主要有以下四个步骤：

第一，资产评估。配股前，先要将公司目前所有的资产做一个评估，也就是看公司有哪些资产，哪些负债等等，然后把这些资产情况做成一个表，让每一个未来的股东都能了解这些状况。

第二，运营状况的公布。资产评估之后，就要对公司目前的运营状况做一个公布，是盈利还是亏损？如果是盈利，盈利多少？是怎么算出来的？目前公司的成本是怎样的？利润是怎样的？公司的财务状况又是怎样的？

第三，明确转股、配股的比例和价格。你准备给目标对象转1%，还是转2%？具体说，就是这1%是多少钱，2%又是多少钱，都要有一个明确的数字。比如现在公司作价是3000万，如果转1%就是30万，转2%就是60万。依次把股份的比例确定下来，然后再把价钱确定下来。

第四，确定转股、配股的周期和付款的方式。确定转股、配股的周期后，就要确定付款方式，到底是一次性付款，还是分期付款？比如30万，是一次给齐，还是先付50%，而另外的50%作为奖励给他？我觉得最好的方法是给他设定一个目标：达到什么样的结果之后，你会兑现什么样的承诺。当然，不管你采取那种付款方式，都要把它明确下来。

2. 转股、配股需要注意的的六点建议

接下来，我就转股和配股这两方面内容，再提六点建议。这些建议都是我在实际运用过程中总结出来的，相信这些建议定会对每一个读者都有很大的启发。

（1）股东权与经营权区分

关于这两个权利的区别，很多管理者都不是很明确。最初，你告诉一个普通同仁，要给他分股或转股，这时他可能很积极、很上进、很努力、很用心，因为他可能要拿到股份，这时他工作的状态是全力以赴的。可是当他得到股份以后，他可能会以股东自居，他的服从性和配合度就没有过去好了。

那怎样杜绝这种状况的发生呢？这是就要提前明确股东权与经营权的区分。经营权的大小不是按照股份的大小决定的。不管是新同仁还是老同仁，都要一视同仁。总裁或是总经理，即便他是小股东，在经营当中，他也是有决策权的，是以他为主导的，而不是以股东为主导。

（2）转股和配股成功之后，要进行公布与庆祝

之所以要公布和庆祝，是为了让内部的同仁知道我们有哪些新进的股东，为什么选他当股东；他当了股东之后，对公司有什么帮助，有什么价值，能起到怎样的推动作用。

这样做可以让所有的同仁对公司充满更大的希望和更美好的憧憬，同时我们在公布业绩的时候，也可以让客户感觉公司有更大的发展，吸引更优秀的资源。与此同时，也给了更多优秀同仁发展的机会、空间和舞台。这样一来，不论是在公司内部，还是外部，都能形成一个巨大的气势，而且对竞争对手也是一个很大的威慑。

（3）战略部署与分工

一个公司，它的战略重点不是去做什么，而是不做什么。所以，管理者首先要做出决策，明确在哪些方面不要去做，在哪方面要去做，哪方面是我们的重点。

一个没有战略的公司，是无法在一个领域当中有大突破的。所以，我们要在战略上进行部署、讨论和决策。当有了随之而来的明确的分工以后，就能够与股东之间形成一个巨大的协调能力，让所有股东都发挥极致的作用。

（4）公与私的平衡

公私平衡，对于一个公司来说，是非常重要的。如果不能很好地平衡，对整个公司未来的合作将会极为不利。特别是转股和配股的时候，那些优秀的同仁既是股东又是工作人员，我们不但要平衡他们作为股东的收益，

更重要的是要平衡他们作为工作人员的收益。同样是3%的股份，分红可以是一样的，但是每个人创造的价值和对企业的贡献不一定是一样的。所以，我们要重点考虑那些对公司有巨大贡献，直接带来巨大价值的股东，绝对不能因为他只是股东，不是经理，而忽略了对他的奖励。否则，他心里会极度地不平衡。

（5）财务公开与监督

这一点对于分红股，尤为重要。如果你想让他真正地和你合作，你的财务必须公开，或者他可以进行督导。你甚至还可以让你的一些分红股的代表享有咨询财务的权利。因为你要想让他创造更大的价值，必须让他心里踏实。只有这样，他才能找到一种真正做股东和做主人的感觉，他与公司应该是荣辱与共的，由此所产生的动力就会创造完全不一样的价值。

（6）董事会和工作会议的区分

董事会和工作会议在最初的时候会有一个磨合的过程。当你的公司股东多了，有时候股东会和工作会议可能是不分的，或者说决策会和经营会是不分的。可是，董事会是用来做决策的，而真正的工作会议是用来做经营、做决定的，是来真正地推进公司业务发展的，并且是要改变当前运营状况的。只有二者区分了，才能最大程度地发挥各自的价值。

在每一个阶段，董事会和工作会议都可以相互拉动。通过董事会的决策能够促成工作会议创造最大的价值，反过来，工作会议也能够给董事会提供最有价值的议案和讯息，以及更多的报告和建议。

阿里巴巴上市、百度上市创造了数以百计的富翁。作为非上市公司，尽管不能分享资本市场的盛宴，但依然可以借助股权激励点燃同仁的工作激情，加快企业战略目标实现的步伐。总之，股权激励不是上市公司的专利，对于非上市公司而言，股权激励既是可行的，也是必要的。股权激励最重要的目的之一就是吸引人才和留住人才，让企业可以越"强"越大、越"分"越强。

自检

（1）目前公司的股权结构怎么样？如何透过调整和优化股权结构，能让团队更具责任心、驱动力和荣辱感？我对股权结构重整有何顾虑？如何通过专业的顾问，能帮助我既产生正面的推动力，又能够减少乃至避免我所顾虑的因素？

_____

_____

_____

（2）实施股权激励，我锁定的对象、标准、比例、方式等是什么？我如何更好地兼顾更多的因素，避免出现正面激励而造成团队部分人的心理失衡？我将如何进行持续的股权结构优化而对团队产生一次又一次的强大驱动？

_____

_____

_____

总裁教练姜岚昕老师认为：

管理者要以舍为得，以给为拿，以退为进，以让为取。舍是得，有"舍"才会有"得"；退是进，退一步是为了更多人进步；给是拿，敢"给"才能敢"拿"；让是取，"让"得越多，才能"取"得越多。钱是种子，种在哪里，哪里长。

请写下您的阅读感悟和即将践行的计划

第十三章　使命感的力量是无穷的

思考　为什么很多的企业赚了很多钱，却没有走下去的动力？为什么很多的企业遇到更赚钱的项目，一点也经不起诱惑？为什么很多的企业亏了钱，依然还是动力不减？

这个问题每个人都得回答，如果没有回答，或者回答不清晰，甚至根本就不知道如何作答，那只能说明你不知道为什么存在，也就谈不上清晰地去践行生命的价值和意义，最终也将无法领略生命的真谛！

人要想活得清楚、活得明白，就要不断地对一些根本性的问题进行思考和追问，例如：我是谁？我活着为什么？我的理想是什么？我应该成为什么样的人？……企业和人一样，也会不断追寻、思考并回答类似的问题。在思考和解答的过程中，建立起自己一整套存活理念，定位自身的使命就是其中之一。

◈ 找到属于自己的使命

使命是什么？谈到使命，很多人都知道这个词语，却没有深刻地定义和理解这个词。那什么才是真正的使命呢？使命，按照我的理解，就是一个人或者一个企业为什么存在，它存在的价值，存在的意义是什么？

很多企业家说，我的企业为什么存在还用讲吗，就是为了赚钱。我认为：赚钱只是一个结果，不是根本性的目的和意义所在，为什么这么说呢？因为一个人要想取得卓越的成就，一要具有使命感，二要能够承载这种使命感。

> 领导心得
>
> 伟人之所以成为伟人，正是因为他们具有使命感，并且承载了这种使命感，让他们成就了大业。

伟大领袖毛泽东主席立志为人类的解放而斗争，成立了新中国；周恩来总理从小就发誓为中华之崛起而读书，为中华民族的伟大复兴做出了巨大的贡献；鲁迅弃医从文，医治中国人麻木的心，所以成为中国的文学大师；孙中山要"天下为公"，成为一代值得人民纪念的总统。

同样，这个世界所有卓越的企业家，他们赚钱只是一个表象，真正支撑他们走下去的一定是他们的使命感。比如微软的比尔·盖茨已经是世界首富了，他十九岁离开哈佛大学的时候，他的目标和梦想就是能够创办一家公司，让全世界人都享受到软件的好处；世界500强企业之一的强生公司，其企业使命是减轻人们的病痛，这就意味着他们的企业不是单纯地赚钱，而是为这个世界上的人们减轻病痛而奋斗不已，这正是他们公司得以生存、发展的最大价值和最大意义所在。

如果你不能肯定地回答上面这个问题，不能清晰地明了自己的使命，心中没有神圣的愿望，你的生命就会乏力。当你心中拥有了神圣的使命，无论遇到多大的困难和挫折，你都会有持续下去的动力。谈到这里，让我想起了一部很火的电视剧——《李小龙传奇》。

哲理
感悟

李小龙打败劳力士

李小龙是我很佩服的一个民族英雄，不仅因他精湛的武功，更缘于他那极强的民族使命感。

李小龙与全美空手道冠军劳力士的比赛应该是《李小龙传奇》呈现给我们的一场最为精彩的画面。当李小龙被黄皮小子恶意击打，严重受伤之后，仍然凭借着自己超人的体质和强大的意志，奇迹地恢复健康并参加了国际空手道大赛。在比赛中李小龙以自己高深的武功将劳力士击倒，这个场景让在座的所有人都激动无比，而取胜后李小龙的表现更让人震慑！他高举双臂，对着看台的所有观众高声呐喊：我是中国人，我是中国人，我是中国人……

看到这里，我忍不住热泪盈眶……在积贫积弱的旧中国和中国人民刚刚站立起来的年代，华人在西方国家特别是美国还没有什么地位，各方面华人还被西方人瞧不起，哪一个中国人心里不憋着一口气呢！在那个特殊的年代，在那种华人普遍遭到歧视的岁月，这几声呐喊是何等让人震慑，让国人扬眉吐气！

在我看来，这就是"李小龙精神"。他敢闯敢干、敢作敢为，他对华人在世界的地位从内心不服气，他充满了正义感；他有着坦荡的胸怀，他那种为了达到目标勇往直前、积极行动、积极作为的精神让我深受感染。从中学为了抹去华人"东亚病夫"的称号与人打架，到为了给中国武术争气与人比武，再到为了给华人争光而从影，这就是李小龙精神：我是中国人！所以，我不仅为他的武术境界所拜服，更为他的人格魅力所折服。他的所作所为，他的拼搏奋斗展现了黄皮肤的中国人的不屈不挠、敢于胜利的精神。李小龙的出现为那个时代的华人涂上了一抹浓重的色彩！

李小龙的英雄形象将永远矗立在华夏炎黄子孙的心目中，他甚至代表了一代中国人在当时的历史环境中所表现出来的精神追求和力量——这就是一个中国人的使命感。

李小龙的民族使命感成就了他，那么你呢？相信读者看完这个故事，一定会有很多想法。但是你怎么想，你都要清楚地知道，自己为什么要创办这个企业，这个企业存在的价值和意义是什么。因为一个企业不是你一个人能够做起来的，它需要团队，需要社会的认可，而要想让同仁自动自发地为你工作，让社会认可你，就需要找到属于自己的使命。那么，一个企业家的使命感应该是什么样子的呢？我觉得应该具备以下三个特点。

第一，对别人有所帮助。你要以对别人有所帮助、有所贡献为出发点去创办、经营、推动和丰富你的企业。

第二，要有行业相关性。什么叫行业相关性？

比如说沃尔玛宣称它的企业使命是天天低价。这和它的行业有关，因为它是做连锁超市的。

强生公司宣称它的企业使命是减轻病痛，因为它是从事医药行业的。

海尔公司宣称其企业使命是敬业报国，追求卓越。因为它是中国的民族企业，而且是王牌企业，所以它要敬业报国，追求卓越，这和其身份非常吻合。

第三，简单易记，便于推广。我要提醒你最重要的一句话是，你的企业使命应该精简为一句话，"志"越大越好，越精练越好，越容易让人记住越好，越琅琅上口越好，越这样去做，越便于推广，越便于让外界记住，越容易扎根在你同仁的内心之中。

你可以把这个使命打在你的名片上，贴在公司的墙上，写在你们的宣传手册上，挂在公司网站上最显著的位置，然后不断地重复和推广。当你不断地坚持去推广这个企业使命，一代一代地传递下去的时候，即使现任的企业领导人不在了，这种使命感也会不断地传给继任者。这样你的企业才能走得更远，更长久。

◆ 让使命融入自己的血液和灵魂

"一个人生命中最大的幸运，莫过于在他人生途中，即年富力强时发现自己活着的使命。"这是奥地利著名犹太裔作家斯蒂芬·茨威格的话。今天，我可以问心无愧地说：我已找到这种使命，并且一直在践行自己的使命。此时，我特别想跟你分享一段关于我自己的故事，这个故事影响了我整个人生，让我能时刻创造奇迹。此刻，再次想起这段我自己的故事，我依然泪流满面。我希望你也能从这段故事中寻找到真理和自己的使命，为自己，为别人创造出更多的机会。

哲理
感悟

2000 年，我 23 岁。我受邀到延安去演讲，归途中去拜祭了黄帝陵祖先。当我跪在地上，叩击九响钟声，面对着祖先，思绪万千。当时，工作人员向我介绍道：很多伟大的人物都来过这里，那一刻，我问了自己一个问题：

"姜岚昕，今天你也来了，你也是无数炎黄子孙中的一员，你为什么而来？你对这个社会有什么价值？你的存在有什么意义？"

拜祭祖先黄帝

那一刻，一种神圣的使命感在我的胸中激荡，我对祖先默默发下一个誓言："我愿意用我一生的时间和精力从事教育培训事业，凭着我的热情，我的能力，我的智慧，我的付出，为世界华人的富强而努力和服务，使华人企业成为世界经济的脊梁！"当我发下这个大愿开始，我的生命不再属于我自己，而是属于更多的人。我跳出了自我物欲的圈子，将自己的生命置身于一个更大的世界，更大的平台和更大的高度。从这一刻开始，我找到了生命中终极的价值和意义，我的生命中有了一种从未有过的浩瀚无边的力量。

从那时开始到现在，我每一次站在台上，我告诉我自己舞台就是我的生命，台下的听众就是我的民族与国家；当每一次站在台上的时候，我告诉我自己，不管再苦再累，宁愿累死在台上，也不愿意让任何一个听众在我的演讲中没有丝毫改变，带着遗憾和失望从我的会场走出去。如果是这样的话，那将是我生命中最大的悲哀和败笔，我不愿这样的悲哀和败笔发生一次。所以，每一次我都告诉自己：我要把我的快乐、热情、智慧、能量毫无保留地分享给每一个听众，把孤独、劳累、痛苦、汗水、腰酸腿疼和嗓子的嘶哑留给我自己。

很多人问我，是什么样的力量驱动着我，我说是使命感的力量驱动着我。当他们问我什么是使命感的力量，我告诉他们，每当你想到这个使命的时候，你觉得你的生命不再属于自己的时候，你才找到你生命中本我的那份最浩瀚，最无边，最有力量的驱动力，让你的人生可以跨过所有的挫折和阻力，让你能够长驱直入。

我希望在我的有生之年，透过教育培训事业，透过世华智业集团，能够直接培养100万人以上的企业高管，能够助推中国经济的增长；透过北京华夏管理学院等大学的参与，能够培养50万人以上的企业接班人，让中国的企业持续增长；培养1万名以上的慈善人才，推动中国的公益事业；我希望在有生之年，助养1万名以上的孤儿，捐助10万名贫困大学生，建100所世华学校，帮扶1000所爱心小学。当我做到这一切的时候，我将死而瞑目。

我希望，当我离开这个世界的时候，后人能够在我的坟墓前，种上一棵树，等这棵树长大的时候，能够在炎热的夏天为路人乘凉；当别人谈起姜岚昕生前的故事的时候，想起的是他带给人们的精神的感召，力量的驱动，境界的拔高，灵魂的升华，那将是我生命中最大的期盼；我希望当我离世的时候，后人能在我的墓碑上刻上这样一段话，作为我一生的总结："姜岚昕生前为使命而活，死后为使命而安，生死都不辱使命。他人走了，精神却永远的留下。"

可以说，使命感是一个企业存在的最大理由，也是其持续发展的最大源动力。卓越的企业都不是以赚钱为导向，而是以使命感为导向。以赚钱为导向的企业，因为赚到钱而得到物欲的满足，会很快失去动力；亏了钱又会因为物欲需求的失衡，容易选择放弃；遇到更赚钱的项目，禁不起利益的诱惑，在利益的漩涡中只能无力自拔。故以赚钱为导向的企业，就没有持续发展的动力基因，而以使命感为导向的企业，不管企业是盈利还是亏损，它都能找到超越金钱以外的目的和继续存在的理由。正因为如此，使命感是企业持续强大的动力基因。

无数的企业领导人向我咨询问题，咨询率最高的四个问题就是：如何让我的客户对我们大力支持并保持忠诚？如何让我的员工以主人翁的态度积极投入工作？如何让我的股东对我们不遗余力地信赖与投资？如何让社会各界对我们的事业给予理解与关怀？

其实，这些问题只有透过使命感，才能彻底解决。一个具有使命感的企业，可以从四个角度去践行存在的价值和意义。我把它定义为"四度原则"，即：为客户提供最大的价值（价值度），为同仁搭建最广阔的平台（空间度），为股东带来最大的收益（回报度），为社会做出最大的贡献（贡献度）。

为了民族的尊严

在我的"总裁咨询风暴"课程中，我亲自咨询过的企业达数百家。咨询的一个重要内容就是为企业量身打造最适合他们的企业文化，而企业文化中的使命和使命宣言就很好地诠释了"四度原则"。

以世华为例，世华的使命是"为世界华人的富强而努力和服务，使华人企业成为世界经济的脊梁"，使命宣言是"为客户提供最具实效和实操的管理资讯，为同仁搭建最具成长和创业的发展平台，为股东营造最具道义与价值的投资环境，为社会培育最具贡献与推动的企业领袖"。

宁波一个做服装企业的总裁鲍总是我很好的朋友，在给他们企业做咨询的时候，我根据他们企业的实际情况，为他们制定的使命是"为使'中国制造'成为品质的象征而持续精进。"使命宣言是"为客户提供原创独特的产品和个性及时的服务，为同仁搭建无限成长的空间和自主创业的平台，为股东带来财富声誉的增长和社会责任的实现，为社会促进中西文化的交流和国际经济的繁荣"。

当整个咨询做完，企业文化开始落地后，通过使命和使命宣言的出台，鲍总说带给企业最大的改变，就是同样的工资待遇，她的团队更有责任感，因为产品品质已触及到民族尊严。企业所主导的服饰品牌在使命感的驱动下，销量持续三年的时间一路飙升。鲍总说："不管是在任何时候，只要看到、听到、想到这个使命，浑身就有使不完的能量和激情。"

读者朋友也可以根据这"四度原则"制定出自己的使命和使命宣言。总之，只有具备强烈使命感的企业，才能赢得客户真正的支持，员工才觉得工作充满神圣，它所合作的股东的投资心境才会变得崇高，社会才会给予足够多的理解包容及正面的回应。所以，我们在为谁工作呢？是为我们的同仁，为我们的客户，为我们的股东，为我们的社会。

领导心得

使命感最大的力量是超越了个人的需要，将企业家置身于更大的世界而拥有了超越个人的力量。

也许会有人觉得这是在唱高调，其实这没有任何的高调，所有能够成就大业的人，他的心中想到的一定不是自己，而是别人。因为焦点利众，众人就成全你；焦点利己，众人就远离你。单纯以利益为导向的经营者，不能称之为企业家，顶多是一个短期爆发的富翁。只有心中装下更多人，才有更多人去支撑你；只有为更多人着想，才会有更多人来成就你；当你心中装下的是世界，这个世界才会为你开道。

因此，你一定要静下心来问问自己：你创办企业的初衷是什么？存在的理由是什么？存在的最高宗旨是什么？企业的终极目标是什么？即使你愿意培养大量的接班人，愿意退、让、舍、给，如果你没有使命感，那你也不能真正让自己获得解放，让企业重生。

自检

（1）你为什么要创办企业？你为什么要在这家企业工作？除了钱以外，到底是为了什么？当你想到除了金钱以外的理由，有没有充满神圣性和无比的动力？

_____

_____

_____

（2）你经营企业的目的是赚更多的钱，还是要服务更多的人？到底什么是你真正想要的？你真正的答案是什么？你的答案造就了你现在的人生，那么你会给自己什么新的答案吗？你会为新的答案做些什么呢？

_____

_____

_____

◆ 引发全员为使命而工作

使命感是决定团队行为取向和行为能力的关键因素，是一切行为的出发点。具有强烈使命感的同仁不会被动地等待工作任务的来临，而是积极主动地寻找目标和任务；不是被动地适应工作使命的要求，而是积极、主动地去研究，变革所处的环境；并且会尽力做出有益的贡献，积累成功的力量。所以，作为一个管理者，一定要引发全员为使命感而工作，而不是为了老板，不是为了企业，也不是单纯地为了一份薪水而工作。

从 2001 年，我立下世华的使命——"为世界华人的富强而努力和服务，使华人企业成为世界经济的脊梁"之后，每天我都在问自己：你用心践行使命了吗？你引领更多人践行使命了吗？你一直在为使命而坚守吗？为了使命你愿意持续成全吗？

我不仅问自己，我还要我的同仁问自己。到今天为止，世华智业集团的每个同仁都为有这样的使命而自豪，都会骄傲地说自己今天做了哪些事情，如何服务好客户。每当听到他们在分享这些事情的时候，我心里就会有莫名的感动：我们做的也许只是很小的一件事情，但是对于世华智业集团人来说却都是使命的体现。不管身在何处，不论何种职务，世华智业集团的同仁都在为这一使命而奋斗。客户也为我们这种精神所鼓舞，我们也因为有这样的奉献精神一次次地赢得客户。

如今，世华智业集团已从当初 5 人的小团队，发展成为拥有 36 家分公司和两所大学，3000 多位优秀同仁的集团公司。这个由小变大、由弱变强的过程，无不都是因为每一个世华智业集团同仁都牢记这个使命。

经典
案例

农夫与小偷

一次，松下幸之助发现一个人在偷一个农夫的井水，结果那个人被农夫抓住了。农夫不但没有去打他、骂他，更没有撵他走，反而从家里拿出一个碗，舀了一碗水，然后送给这个偷他井水的人。松下幸之助立刻思考一个问题："为什么农夫能够把井水毫不吝惜地送给那个偷井水的人？与之形成对比的是，世界上许多人把自己的钱财、物品锁得紧紧的，害怕别人偷走。"通过进一步思考，他发现，如果有人偷某种东西被发现了，若是主人去撵、去打偷东西的人，甚至要把他送到法庭绳之以法，那么说明这种东西一定是供不应求。前面提到的井水肯定不是此类东西。

所以松下幸之助决定，他要生产大量的产品，让更多的人都能使用他的产品，为此他创办了电器公司，树立了巨大的企业使命。他说，我们不是单纯为了牟利，我们企业的使命是贡献社会、服务人群，我们要生产大量的产品，去为这个社会做出贡献，去服务更多的人群。

有记者采访他："松下幸之助，看来你好像比较虚伪，因为你说你企业的目的不是赚钱，可是你为什么赚了那么多钱。在这种情况下，你还在口口声声说是贡献社会、服务人群。"松下幸之助说："这其中的原因非常简单，因为我们对社会的贡献比较大，服务人群服务得比较好，他们给予了我们相应的奖励回馈，鼓励我们能更好地继续贡献社会和服务人类。"

从1918年到现在，从当年的小作坊，到现在在全世界设有230多家公司，同仁总数超过290493人。这个"百年老店"的增长率令人惊讶，而同仁之间却团结稳定、齐心协力，难怪五万多名家属也深为感动，称赞松下电器公司将来真不知会发展到什么地步。就在创业之初，全体从业人员誓言要为达成公司的使命团结努力，他们以公司的使命为己任，为达成使命凝聚在一起，愿竭尽所能全力以赴地工作。他们的这种精神，一直持续到现在，直到永恒。

正是由于松下电器的每一个同仁都有了工作的使命感，松下才能够发展得如此迅速，成为日本乃至全世界著名的企业。

通过这个案例，我想读者一定能够明白：如果你为别人着想，将会有越来越多的人为你着想；你若造福众生，众生将会与你同在；你若能真正协助别人，别人也会真心助你。所以，请树立强大的社会责任感吧，让你的同仁也为这个使命而工作，当你和你的同仁在为这个社会做贡献的同时，社会也一定会回馈于你们。

领导心得

使命感是凝聚团队最崇高、最神圣的理由

比尔·盖茨曾说："我不是在为金钱工作，钱让我感到很累。工作中获得的成就感和体现出来的使命感才是我真正在意的。"这个世界上有一个关于财富的最大秘密——只要你天天思考如何在你的行业中做到第一名，那你一定能够获得意想不到的财富。

不少人都想得很简单：工作就是为了赚钱，养家糊口，图生存。这没有错，这是工作的本来面目。可是如果工作仅仅是为了赚钱，那么，世界首富比尔·盖茨为什么还要工作？华人首富李嘉诚为什么还要工作？他们都一直在很努力地工作。

答案很简单，他们不是为了金钱和财富，而是为了使命。

◆ 怀抱使命持续前行

辉煌的人生不是靠梦想成就的，但所有的成就却源自辉煌的梦想。成功的人因坚信而拥有，失败的人拥有才坚信，这是两者最大的差别。当2011年4月27日，我在西点军校留影的刹那，心中响起一个声音："我要在美国创办一所华夏大学，我祈愿华夏大学能沉淀为全球极具影响和备受尊敬的商管类大学，使其变成民族的骄傲，共享富有神圣使命的荣耀。"这是一个看似难度较大的梦想，可是当我把这段话发表在新浪微博上之后，短短一天之内就被博友转发了 4000 多次，网友评论近 2000 条！这是博友对我的支持，也是所有有识之士对我的信赖。

每个人都要活三次：靠梦想一次，实际经历一次，回忆一次。25 岁前靠梦想活；25 至 50 岁靠经历活；50 岁后靠回忆活。这三次才是生命质量的总和！所以，我将会怀揣华夏大学的使命，以光耀民族的情怀，超越国界和民族的大爱，以朝圣的心境，行走在为人类教育事业贡献力量的大道上。

这些年，我不断地学习和充实自己，以免有一天我的知识不能很有效地去帮助那些需要帮助的人。犹记得 2009 年我代表世华智业集团出巨资收购北京华夏管理学院后，为了把这所学校办得更好，2010 年 2 月 20 日，我带领北京华夏管理学院教育考察团飞抵美国，进行了为期半个月的名校访问。当我们考察完美国在全球卓有影响的大学之后，我给同仁发了一条短信：

六年前，我怀揣梦想，带着使命，考察上海市场，决定开办上海世华公司，历经无数磨砺与挑战，最终引爆全国，创造了今天的世华智业集团……六年后，我依然怀揣梦想，带着使命，考察美国大学，访百年名校，会名家大师，览圣地美景，见杰出华人，悟先辈智慧，每日不停奔走，却乐此不疲！心想不知再过六年，我又将创造什么……也许“世华”的事业更好，也许“华夏”终将走向世界前沿，只有历史会给予真正的解答……坚信辉煌的历史是由执著而智慧的梦想家们创造书写的！

这是一段终身难忘的考察，因为在我的生命中，感到最有价值、最有意义，也是使我觉得最快乐的事，便是我每天都在修练中提升自己，并将我生命中所学、所悟、所感与我身边的每一个朋友去分享。而现在，我想把更多的东西与大家分享。于是，考察结束之后，我又迫不及待地给所有的同仁发了一条短信：

这次来美国，时间虽不短，行程却太满，基本都是凌晨赶班机、租车、会谈，晚上回程去华人餐馆，每天简单的重复，但心中的感受却越来越深，越来越多，不仅有来自美国，也有我静下心来远抽离之后的审视与醒悟。美国有代表性的城市，这次全看一遍，主要是访问、学习、合作，因为我的终极目标是在美国办华夏大学，借用美国的教学体制、模式与资源吸引全球华人，又能支持中国的华夏学院。这次结束基本上就能确定是在华盛顿还是在加州起步，我就缩小范畴，有时间就来目标地参与社会活动，逐步逐步地储备与推进。我从小时候记事起，我敢想敢做的事，不管经历了什么，最终都干成了，为了践行使命与宏愿，我会耐得住生活的寂寞，经得起物质的诱惑，一辈子倾力无私地做教育。终其老矣，心不止！

在我的生命里发生过很多事情，而正是这些事情一一成就了我，我不断地学习、体验、品味、感悟。如果不曾发生过这些事，没有遇到过这些人，我不知道我的生命会以一种什么面貌呈现在大家面前。我由衷地想和大家一起分享，如果我沐浴在阳光中，我多么希望每一个人同样被照耀，一起去感受生命的阳光。

两次美国之行，让我思考了很多，悟到了很多。尤其是 2011 年 4 月的美国之行，让我思悟到人生最重要的价值准则，那就是：1. 责任与荣誉：责任，我为了谁活着？荣誉，我做的一切代表谁？ 2. 感恩与共享：感恩，我为什么能拥有今天？共享，我能为别人提供什么价值？ 3. 使命与大爱：使命，我为什么而奋斗？大爱，我奋斗有何意义？

当美国之行结束时，我回到祖国，当我又踏上这片熟悉的土地时，我做出了人生最重要的价值宣言：1. 我为责任而全力践行，我为荣誉而坚决捍卫；2. 我为感恩而时刻成全，我为共享而创造价值；3. 我为使命而奋斗不息，我为大爱而焦点利众！我要永远以朝圣的心为人类教育事业奋斗不息，永远以虔诚的心为爱与支持我的人祈福！

为此，2011 年，我把北京华夏管理学院办成了中国的第一所免费大学，在免费大学的启动仪式上，当记者问我办免费大学的缘起时，我说："我有一个梦想，我梦想有一天贫困山区的孩子走出深山，能够跟城市的孩子一样同处一片教育的蓝天；我梦想有一天，少数民族的孩子能够走进华夏管理学院共铸民族的情结；我梦想有一天农民的孩子能够同享这份免费的教育！"而中国首所免费大学是世华公益基金会联合中华慈善总会岚昕大爱基金、中国妇女发展基金会华夏高等教育基金，在全国开展免费上学行动，旨在帮扶志向远大、渴望改变的寒门学子，为他们提供公平接受教育的机会，靠知识的力量来改变自己的命运和家庭的现状，一起将大爱播撒到更多需要帮扶的孩子身上，让世界同享爱的光芒！

记得当年有一个网友给我留言，他希望到学校来做半年免费义工。一个素未谋面的网友为什么这么支持我？那一刻，我更加感受到，一个企业家不把赚钱作为唯一的目标，而是能够在创造物质财富的过程中，解决社会问题，担负社会责任，能够真正去践行一些社会使命的话，是一件多么美好的事。

所以从那一天起，我决定要感召更多的人，影响更多人，要让更多有这样共识的人能够站出来，呼吁更多的企业家能够真正地把社会使命、社会责任和社会生态践行下去。

生命中有一种力量就是不断进取，就是这种力量不断支持我，鼓励我走到今天。前方还有那么多奋斗的人等着我，我不能停止前进的脚步，更不能忘记自己的使命——为世界华人的富强而努力和服务，使华人企业成为世界经济的脊梁！而当世华进入下一个十年之际，我坚定地向世华和华夏团队宣布我们新时期的使命：以超越国界和民族的大爱精神，为人类的教育事业而倾尽全力！

自检

（1）我个人的使命是什么？我的企业的使命是什么？我有什么使命宣言？我如何运用我的使命感召客户的支持，同仁的凝聚，股东的投入，社会的响应？

_____

_____

_____

（2）我如何自上往下地践行使命？我如何运用使命感的力量让团队创造奇迹？我需要做哪些事情，能让各界感受到企业使命的真实感？我又将如何让使命成为团队恒久不变的精神驱动力？

总裁教练姜岚昕老师认为：

使命感是凝聚众人最崇高、最神圣的理由，为"小家"的成为小企业家，为"大家"的成为大企业家。管理者的焦点利众，众人就成全他；管理者的焦点利己，众人就破坏他。卓越的企业都不是以赚钱为导向，而是以使命感为导向。可以说，使命感是一个企业存在的最大理由，也是其持续发展的最大源动力。

请写下您的阅读感悟和即将践行的计划